国家社科基金
重大项目成果

对外汉语教学语法丛书

◎**总主编** 齐沪扬

"把"字句

唐依力 ◎主编　|　唐依力 ◎著

北京语言大學出版社
BEIJING LANGUAGE AND CULTURE
UNIVERSITY PRESS

© 2025 北京语言大学出版社，社图号 24095

图书在版编目（CIP）数据

"把"字句 / 唐依力主编；唐依力著. -- 北京：
北京语言大学出版社，2025．1. -- （对外汉语教学语法
丛书 / 齐沪扬总主编）. -- ISBN 978-7-5619-6583-2

Ⅰ．H195.3

中国国家版本馆CIP数据核字第20240LT820号

"把" 字句
"BA" ZIJU

排版制作：北京光大印艺文化发展有限公司
责任印制：周　燚

出版发行：北京语言大学出版社
社　　址：北京市海淀区学院路 15 号，100083
网　　址：www.blcup.com
电子信箱：service@blcup.com
电　　话：编 辑 部　8610-82303647/3592/3395
　　　　　国内发行　8610-82303650/3591/3648
　　　　　海外发行　8610-82303365/3080/3668
　　　　　北语书店　8610-82303653
　　　　　网购咨询　8610-82303908
印　　刷：北京联兴盛业印刷股份有限公司
版　　次：2025 年 1 月第 1 版　　印　　次：2025 年 1 月第 1 次印刷
开　　本：787 毫米 × 1092 毫米　1/16　印　　张：14.25
字　　数：226 千字
定　　价：72.00 元

PRINTED IN CHINA
凡有印装质量问题，本社负责调换。售后QQ号1367565611，电话010-82303590

总　序

　　摆在读者面前的，是国家社科基金重大项目"对外汉语教学语法大纲研制和教学参考语法书系（多卷本）"（17ZDA307）的所有成果。这些成果包括大纲系列4册、书系系列26册、综述系列8册，以及选取研究过程中发表的一部分优秀学术论文集辑而成的论文集1册，共计39本著作，约700万字。这个项目的研制，历时5年有余，参加的研究人员多达50余人，来自国内和海外近30所高校。

　　2017年11月，全国哲学社会科学工作办公室正式公布"2017年度国家社科基金重大项目立项名单"。2018年4月14日，国家社科基金重大项目"对外汉语教学语法大纲研制和教学参考语法书系（多卷本）"的开题报告会举行。2019年8月，2017年度国家社科基金重大项目中期检查评估报告提交，2023年1月召开课题结项鉴定会。

　　根据专家组意见，特别是专家组组长赵金铭教授两次谈话的意见，按照全国哲学社会科学工作办公室立项通知书上的要求，本项研究牢固树立问题意识、创新意识和精品意识，立足学术前沿，体现有限目标，突出研究重点，注重研究方法，符合学术规范。项目的执行情况、所解决的问题和最终成果如下：

　　大纲、书系和综述是主要的研究成果。三类不同的成果面对的读者是不一样的：大纲是给教师教学与科研使用的，同时也顾及学习汉语、研究汉语的一些国际学生；书系主要是给在一线教学的对外汉语教师看的，以解决这些教师在教学过程中的实际问题为目的；综述是对大纲和书系的补充，主要面向对外汉语教师、汉语国际教育专业研究生和本科生，以及需要进一步了解、研究相关领域的群体，为这些人继续研究相关问题提供材料和方法。三种不同的读者群体决定了三类成果的不同写法。

1.　大纲研制

大纲研制的最终成果是两套大纲：分级大纲（初级大纲和中级大纲）和分类大纲（书面语大纲和口语大纲），共4册。语法大纲不局限于语法知识本身，而是以学习者语言能力的培养为目标。凡是能促进学习者语言能力的语法项目都应析出为大纲的项目。语法项目的编排依据的是语法形式，使用条件式来描述细目的功能。使用条件式有利于促进语法知识转化为语言能力。

分级大纲中语法项目的等级不宜简单理解为语言本身的难度区分，更应理解为习得过程性的内在要求。以促进学习者生成语言能力为目标，支持学习者语言能力生成的语法项目都应列目，项目编排以语法结构为基础，细目的描写以促进语言能力生成为重。大纲体现习得的过程性，总体上为螺旋形呈现。

目前对外汉语教学和科研依据的都是通用语体的语法大纲，至今尚没有分语体的大纲问世，这种状况显然与发展迅速的第二语言教学事业不相适应。书面语语法大纲和口语语法大纲的研制，填补了大纲研究的空白，在今后的教学指导、教材编撰、汉语水平测试等方面，都能发挥很大的作用。

2.　书系研发

我们在全国范围内分三批次遴选和推荐了撰稿人，这些撰稿人都有长期从事对外汉语教学的经历，且都是语法专业背景出身。从目前情况看，学术界和教学界都需要这一类书，这套书也具有填补空白的作用。而且，这套书是开放性的，条件成熟了可以再继续做下去，达到30本到50本的规模，甚至再多一些都是可能的。

书系的研发应以"语法项目"作为书名，不求体系完整，成熟一本撰写一本；专业性不能太强，要考虑到书系的读者需求，他们阅读这本书是为了解决教学上的问题，除了必要的理论阐述和说明之外，要尽量早一点儿切入到教学中去；提出的问题要切合教学实际，60～80 个问题，其实就是这本书的目录，有人来查，很快就能对症下药，找到自己想要的东西；提的问题要有针对性，要有实用性，针对学生的水平等级，围绕这个语法项目，把教学上可能遇到的问题按等级排序。总之，这是一套深入浅出的普及性小册子，一定会受到广大对外汉语教师的欢迎。

3.　综述编著

按照标书要求，阶段性成果包括两套综述汇编。编著这两套综述汇编，首先是项目研制的需要，是和大纲研制、书系研发互相支撑、互相配合的；其次是近20 年的综述汇编，学术界和出版界均尚无相关成果问世，很多研究者迫切需要这方面的资料；最后是这套综述汇编的写法与其他综述成果不同，两套综述不仅仅是"资料汇编"，里面更有很多作者的评议和引导，是"编著"类的"综述"，这类"综述"其实是不多的。这样的写法比目前在做的或者已经出版的"综述"要科学得多，实用得多。

综述分为两套：《近20 年对外汉语语法教学研究》和《近20 年汉语作为第二语言语法习得研究》。综述的主要读者应该是研究者，是关心该领域的研究者，作者收集的材料要尽可能齐全，作者所做的分析要有依据，作者做出的解释要能让研究者信服。两套综述都能做到对相关问题做出梳理，述评结合，突出评价的学术性、原创性和实用性，力图使读者对相关论题有一个全面的认识和深刻的思考，并为进一步的研究提供方向。

对上述这些成果的介绍只能点到为止，事实上，具体到每一本著述，都是有必要重点介绍的。好在每套书都另有主编，请读者自行阅读每套书的主编写的"序"吧。我这里还想向读者介绍的是这些著述的作者们，没有他们，这些成果难以问世。

本项课题涉及面广，研究人员多，在最初填写招标书时我们已经意识到了："本项研究工程浩大，……大纲和书系非一校之力可完成，将集中全国不同高校共同承担。"本课题前后参加研究的人员有 50 多人，分布在国内及海外近 30 所高校。如何将这些研究人员组织起来，集思广益，凝神聚力？课题组在"集全国高校之力"上，下了大力气。

原先设想由某个高校具体负责某块项目研究，但该想法在实际操作中遇到了问题。开题报告会后，课题组调整后的组织方式体现出优势来。四个研发小组的组长取代了原来子课题负责人的职位和功能，优势体现在：他们面对的是具体的项目，而不是具体的研究人员；他们针对项目选取研究人员，而不是为已有的研究人员配备研究内容；他们可以从全国高校选择自己相中的研究人员，而不需采取先满足校内再满足校外的程序和方式。人尽其才，物尽其用，效率提高，质量保证，自然是意料之中的结果。例如，书系组的 20 多位作者来自 15 所高校，综述组的作者来自 12 所高校。这是第一个方面。

第二个方面，就是充分利用会议的机会，将会议定位于有目标的会议、有任务的会议，让会议开出成效来。自课题立项之后，围绕着课题的研究进展，课题组已经开过多次会议。一是一年一度的"教学语法学术讨论会"，课题组所有人员都参加，至今已经开过多届：淮北（2017）、扬州（2018）、南宁（2019）、黄山（2020），等等。二是一年多次的课题专项讨论，有需要就开。如在杭州，就分别开过综述组、数据平台组、书系组的专项讨论会；在南京、上海都开过大纲组的专项讨论会；2020 年 7 月，在腾讯会议上开过两次大纲组的专项讨论会；等等。这些会议目标明确，交流便捷，解决问题能力强，时间跨度短，是联络不同高校研究人员的好方式。

这套书的所有主编和作者都十分尽力。对外汉语教师的工作量很大，大多数人都有每周 10 节以上的课时量；况且，大多数人的手上还有自己的科研项目要做，还有自己指导的研究生的论文要看，还有各自的不同研究论文要写。种种忙碌和辛苦之中，要挤出这么多时间和精力，去从事另外一块研究任务，还是高标准、有要求、无报酬的研究任务，如果没有一种对对外汉语教师这个职业的由衷热爱，没有一种为对外汉语教学事业做点儿贡献的精神支撑，他们是断然不可能接受这样的研究任务的。更何况有些作者接受了两项不同的研究任务，研究强度和研究压力可想而知。因此可以这么说，这些成果渗透着作者们的辛劳，饱含着作者们的心血，每一本都是"呕心之作"，这样的赞誉是得当的。

北京语言大学出版社是这个项目的合作者和推动者。项目立项不久，出版社和课题组就有过接触。出版社前后两任社长和总编辑都向课题组表过态，希望这个课题的所有成果能在北京语言大学出版社出版，出版社愿意为课题的宣传、推广、出版尽责任，做贡献。2020 年 1 月，课题组和出版社有过进一步的密切联系，敲定了详细的合作计划。2022 年 3 月，出版社申报的"对外汉语教学语法丛书"成功入选 2022 年度国家出版基金资助项目。这些成果的出版，没有出版社的支持是做不到的。

再次感谢在漫长的研究过程中给予我们支持、帮助的所有老师和朋友。

对于这套教学参考语法书系，这里想重点介绍下这套书系的编撰特点和编撰原则。编撰特点可以归纳为以下四点："设计理念要接受多元的语言学理论指导""编撰方针是两种语法分析方法的结合""结构框架要考虑本体研究和教学研究的需要""问题设计要以'碎片化'语法为主"。关于这四点的具体阐述就不再展开了，事实上读者通过这四点已经可以大致了解这套书系的编撰理念了。入选的 26 本专著选取了不同的语法项目作为书名，面对不同的主题，每本书都会在不同层面、不同角度、不同对象上反映出这套书系的整体面貌和阐述形式，以及结构框架和问题设计，值得一读。

这套教学参考语法书系两个必须遵守的编撰原则是普及性和实践性。普及性原则体现在要做到对读者进行语法知识的普及。语法知识普及要考虑两个方面的问题：一是理论知识的普及，一是语法术语的普及。书系的编写还要遵守实践性的原则，这个原则体现在三个方面：一是面向教学实践，二是面向教师群体，三是面向教学语法。这套书系不以学术高度与理论深度为目标，而以是否能够解决实际问题为标准。出版这样的系列丛书尚属首次，相信普及性原则和实践性原则会使这套书系更接地气，更受欢迎。

教学参考语法书系研发是和汉语教学语法大纲研制平行的、互相支撑的一项研究，书系是以大纲为参照编写的，作为本体研究和教学研究的重要工具书，是对大纲的深化和阐述。书系书目的确定，编写方式的确定，以至于作者队伍的确定，都尽量做到和大纲的研制同质同步。当然，由于书系服务的目标人群和大纲不完全一样，作者会更多地关注语法教学的实效性，对具体问题的一些处理，可能会有与大纲不同的地方，这一点也是需要说明的。

　　谨以此作为总序。

齐沪扬

初稿于 2020 年 7 月

二稿于 2022 年 5 月

三稿于 2022 年 12 月

序

我们撰写的这一专辑——句法结构专辑，包括《存现句》《被动句》《"把"字句》和《兼语词组与兼语句》四部著作，是齐沪扬教授总主编的对外汉语教学语法丛书六大专辑之一。

现代汉语中的特殊句式主要包括连动句、"是"字句、"有"字句、存现句、被动句、"把"字句、兼语句等，本专辑涵盖了其中的四种句式。

句式教学一直以来都是对外汉语教学的重点和难点。说它是重点，是因为这些句式在日常交际中的使用频率很高，且贯穿于对外汉语教学的各个阶段；说它是难点，是因为这些句式结构复杂，语义类型多样，语用功能丰富。学生在使用这些句式时出现偏误的概率较高，甚至由于不清楚何时（不）该用这些句式而出现回避使用的现象。虽然学界关于句式教学和习得方面的研究成果不少，但无论是本体层面的研究，还是教学层面的研究，均存在着诸多分歧，同时也存在着本体研究与教学研究"两层皮"的现象。

本专辑的四本书便是在理论分析的基础上，发现各个句式的教学重点和难点，提出解决问题的方法和教学策略，为对外汉语教师提供参考，满足教学的需要。本专辑主要有以下几个特点：

一是定位清晰。本专辑主要是给在一线教学的对外汉语教师看的，是为解决这些教师在教学过程中遇到的实际问题编写的，因此，如何处理好理论语法与教学语法的关系是我们要考虑的头等大事。本专辑的四本书既尊重四种句式的本体研究成果，从前贤们的研究精华中汲取养分，扩大我们的写作视野，圈定我们的写作框架；同时又挣脱了本体研究理论之争的藩篱，以教学实际需要为宗旨，不追求高深，但求易懂、好用。

二是循序渐进。本专辑的四本书整体采用从本体理论到习得偏误再到教学思考的写作思路。以本体理论来开篇，便于在一线教学的对外汉语教师了解该句式的"前世今生"，尤其是对不是汉语言相关专业出身的教师来说，这是一条能够快速掌握该句式本体知识的捷径。熟悉了理论知识，再选择学生句式习得过程中偏误率较高的句子进行分析，教师可以用以解决教学中的实际问题，这部分也是每本书的重点所在。最后回归到教学上，以各类句式的整体特征为依托，从教学思路、教学过程以及教学环节等方面入手，结合学生的习得偏误给出了一些相对有效的教学方法或教学建议。从理论到习得再到教学，步步推进，循序渐进。

三是实用性强。一直以来，不少句式结构的教学并未联系教学实际，出现了很多结构过于复杂的句式，别说留学生不会用，即便是母语者也很少用得上。比如"把"字句中的特殊子句式"他把自己的妈妈恨得要命"、动词为"是"的无主兼语句、被动句中"被"与"把"的纠缠等等。这些子句式在二语教学中不具有典型性，因此在本专辑中这些特殊的复杂句式都被剔除出去了。我们在书中选用的语料和偏误都是最贴近教学实际的，都是学生接触比较多、错误率比较高的句子。

本专辑的四本书既有共性亦有个性。由于每位作者的研究兴趣不同，四本书中也分别渗透了不同作者的研究心得。比如《存现句》中将象似性原则、图形-背景理论、隐喻理论等认知语言学相关理论和汉语作为第二语言教学很好地结合在了一起，为存现句的教学提供了较强的理据性解释。《被动句》依托语言类型学理论，除了针对英语母语者进行偏误分析之外，还针对韩语、日语、越南语、泰语等母语背景学习者进行了语言对比分析和国别化的偏误分析。《"把"字句》则从语体语法的角度出发，区分了口语语体的"把"字句和书面语体的"把"字句，并且从功能角度对陈述性"把"字句和祈使性"把"字句进行了对比分析。《兼语词组与兼语句》认为除了结构形式和语义特征外，应该将时间顺序原则作为确定兼语式内涵与外延的衡量标准，并且认为兼语式应该拆分致使义和使令义两个小类，并将其归入大纲的不同等级中。

存现句、被动句、"把"字句和兼语句这四种句式结构并非汉语研究的"热点"问题,却一直是汉语研究的"经典"问题。也正因为如此,对于这四种句式结构的分析和讨论才会经久不衰。本专辑的四本书之所以值得大家一读,就是因为这四本书都是通过对大量真实偏误语料的考察,总结归纳出了典型的句式特征、偏误类型,以及切实可行的教学策略。本专辑将汉语本体研究与教学实践相结合,既"仰望星空",又"脚踏大地",对于专业背景不一的对外汉语教师来说,本专辑的内容是"接地气"的,是可以在教学中随时拿过来使用的。

唐依力

2022 年 5 月

目 录

习得篇 / 80

第五部分　"把"字句的不同语体表达 / 80

第六部分　"把"字句的使用和限制 / 107

引　言

　　齐沪扬教授主持的国家社科基金重大项目"对外汉语教学语法大纲研制和教学参考语法书系（多卷本）"（17ZDA307）含有两项重要的研究内容：对外汉语教学语法大纲的重新研制、系列教学参考语法书的编写。其中，系列参考语法书以"一点一书"的形式呈现，一个知识点编写一本教学参考书，力求为一线汉语教师提供全面的参考与指导。《"把"字句》即为该书系中的一本。

　　"把"字句一直以来都是对外汉语教学的重点和难点。说它是"重点"，是因为"把"字句在日常交际中使用频率很高，贯穿于对外汉语教学的各个阶段；说它是"难点"，是因为留学生在使用"把"字句时出现偏误的概率较高，甚至由于不清楚该不该用"把"字句而经常出现有意无意回避使用的现象。

　　自 20 世纪 20 年代黎锦熙首次将"把"字句纳入现代汉语语法体系以来，学界关于"把"字句句法、语义、语用等各个层面的本体研究未曾中断。随着对外汉语教学事业的蓬勃发展，学界关于"把"字句教学和习得的研究成果大量涌现。但无论是本体层面的研究，还是教学层面的研究，均存在诸多分歧，同时也存在本体研究与教学研究"两层皮"的现象。本书的编写目的是在全面梳理本体研究的基础上，结合对外汉语教学实际，从具体问题出发，为"把"字句教学提供一些参考和借鉴。

一、编写思路

（一）以对外汉语语法大纲为基础

　　本书编写时全面梳理了《对外汉语教学语法大纲》（王还，1995）、《汉语水平等级标准与语法等级大纲》（国家对外汉语教学领导小组办公室、汉语水平考试部，1996）、《中高级对外汉语教学等级大纲：词汇·语法》（孙瑞珍，1995）、《高等学校外国留学生汉语言专业教学大纲》（国家对外汉语教学领导小组办公室，2002）、《高等学校外国留学生汉语教学大纲：长期进修》（国家对外汉语教学领导小组办公室，2002）、《国际汉语教学通用课程大纲》（修订版）（孔子学院总部/国家汉办，2014）、一至六级的《HSK 考试大纲》（孔子学院总部/国家汉办，2015）、《国际中文教育中文水平等级标准（国家标准·应用解读本）》（教育部中外语言交流合作中心，2021）等已有教学大纲中收录的有关"把"字句的语法项目，同时也着重参照了本课题组编制的《对外汉语教学语法口语大纲》和《对外汉语教学语法书面语大纲》中关于"把"字句的处理情况。

　　也就是说，本书是以大纲为参照展开撰写工作的，是对大纲中的"把"字句这一语法项目的进一步阐述。编写过程中通过检索语料库等手段，本书尽可能做到描写充分、解释充分。

（二）区分书面语体和口语语体

　　目前，多数学者都认可对外汉语教学语法中的语体分为口语语体、通用语体和书面语体三部分的观点。这三部分是呈连续统状态分布的。留学生学习汉语，常常是从通用语体这一中间层级入手，逐渐向系统两端发展的。通常来说，越是处于连续统两端的语体，越是要求留学生有较高的汉语水平。掌握口语语体的语法项目能够帮助留学生最大程度地提高汉语口语表达能力，掌握书面语体的语法项目能够帮助留学生最大程度地提高汉语书面表达能力。

　　学界关于"把"字句的研究，既有基于书面语的研究，也有基于口语的研究。由此我们不难得到启示，"把"字句的教学既应注重留学生书面表达能力的培养，也应注重其口头表达能力的培养。因此，本书在进行"把"字句的句法结构分析时，除了选用通用语体语料，也兼顾口语语体语料和书面语体语料。对于具有明显口语特征和书面语特征的"把"字句，本书会专门予以说明。此外，"把"字句在不同语体中的分布特点、结构形式及语用功能均存在较大差异（杜文霞，2005），本书在设计、回答相关问题时亦会兼顾这些差异。

（三）区分陈述性"把"字句和祈使性"把"字句

前人在分析"把"字句时，对"把"字句中的宾语、动词结构等都有较为详细的考察，但似乎忽略了"把"字句在句类和表达功能上的不同。比如陈述性"把"字句和祈使性"把"字句对"把"字句内部构件的句法和语义要求是不同的，对话语交际环境的要求也是不一样的。语言结构与互动交流是互相影响的。以往很多对"把"字句句法语义限制的分析，是从语言的角度来考虑的，而不是从言语的层面来分析的。一旦将某个具体的"把"字句放在言语交际的角度来分析，原先的那些句法语义上的限制就有可能被语境所解放，言语交际中的"把"字句就会呈现出"不一样"的面貌。对陈述性"把"字句和祈使性"把"字句的区分拓宽了人们对"把"字句的认知范围。本书在分析部分"把"字句子句式的句式特征时，将陈述性和祈使性作为重要的考量因素，结果发现，不同类别的"把"字句对子句式的要求是不同的。这将有助于我们更细致、更精确地掌握"把"字句的句法语义规则和使用条件。

（四）注重结构、语义、功能的统一

吕文华（2002）指出："对外汉语教学存在着重结构轻语义、忽视用法的现象。对一个语法现象，相对而言，掌握结构、语序比较容易，进而掌握这个语法形式究竟表达什么意义，更深入一层，则要教给学生这个语法形式的交际价值和使用功能。以'把'字句为例，我们不仅要教'把'字句的句法条件和语义，还要教'把'字句究竟在什么样的语境中使用。"

目前常用的对外汉语教材以及对外汉语教学语法的相关著作对"把"字句的处理多从结构形式入手，给出例句，然后告诉学生"把"字句的诸多限制性条件。教师则往往原封不动地以此种形式教学生，结果学生对"把"字句的掌握情况并不十分乐观，使用时仍会出现各种各样的偏误，有的甚至会回避使用。（张宝林，2010）有鉴于此，本书在编写时秉持"把"字句的教学应渗透"结构—语义—功能"这一理念，既重视"把"字句的结构和语义，同时又强调"把"字句的表达功能：为什么用？如何用？用与不用的区别在哪里？"把"字句的难学难教，不仅仅体现在"把"字句构件的限制条件上，也体现在"把"字句本身的使用条件上。在教与学的过程中，要想将句式的内部使用条件和外部使

用条件完美地统一起来，并非易事。在撰写本书时，我们尽量将"结构—语义—功能"理念融合在"把"字句的教学中，尽可能帮助本书的使用者增强"把"字句的教学效果，从而促使学生更清楚地知道什么时候该用"把"字句、该用哪种类型的"把"字句，进一步提高学生使用"把"字句的主动性。

（五）始终以实用性为原则

本书的使用对象以汉语教师为主，同时也可供达到一定汉语水平的留学生查阅。作为一本对外汉语教学语法参考书，实用性是我们一以贯之的重要原则。因为只有从教师的实际教学需求、学生的实际学习需求出发，才能有效地为教学服务、为学习服务，才能真正发挥教学语法参考书的作用。

吕文华（2016）考察了多部初级汉语教材，发现教材中列举的部分"把"字句句式"都是合格的'把'字句，但都不是典型的'把'字句"，并指出"这是以'把'字句的结构条件为核心组织教学而产生的结果……由于脱离语义，学生只会孤立地死记'把'字句的一个又一个条件，这也是造成'把'字句难教难学的一个原因。学生或不知道为什么要用'把'字句而回避不用，或一用就错，'把'字句的教学走入了只重形式，脱离语义、语用的误区"。换言之，目前许多对外汉语教材关于"把"字句这一语法项目的编排更多地停留在理论层面的讲解，在教学的实用性上存在一定程度的欠缺。

本书力图在"实用性"上做以下一些积极探索：

Ⅰ. 在重视语用因素的同时，绝不忽略句式本身的句法和语义特征，从诸多偏误语例入手，从不同侧面深挖"把"字句的句式特征。

Ⅱ. 充分吸收使用频率和习得顺序的相关研究成果，在"把"字句相关语法项目的选择和排序方面尽可能兼顾教学实际。

Ⅲ. 在讲解"把"字句相关内容时，所使用的语料和情境既要考虑典型性，又要考虑真实性；讲解时尽可能做到循序渐进，遵循教学和习得的规律，有效引导"把"字句相关内容的输入和输出；等等。

因此，本书既可以是汉语教师教授"把"字句的教学参考书，也可以是留学生学习"把"字句的工具书。

本书使用的语料主要来自北京大学中国语言学研究中心的 CCL 语料库、暨南大学留学生汉语中介语语料库，以及北京语言大学的 BCC 语料库、HSK 动态作文语料库、全球汉语中介语语料库等，还有部分语料来自对外汉语教材、相关研究论文。当然，还有一些是我们的自省语料。为了行文方便，也为了使句子分析更加简洁明了，我们对很多语料都做了删减及改写，剔除了一些不必要的成分。

本书尽可能选取留学生使用频率较高的语料，对于留学生或者母语者使用频率不高的"把"字句（如："他把孙梅方看了一眼""小芹把自己的妈妈恨得要死""他把孩子病了""她去年把丈夫死了"等一类句式），本书未收录介绍。

二、基本框架

本书以问答的形式进行编排，共设计了 69 个问题。全书遵循从理论到实践、从静态到动态、从抽象到具体的编写顺序，共分为三大板块。

（一）理论篇

"把"字句的结构类型比较复杂，下位句式很多，不同的子句式在句法和语义上都有不一样的限制或条件，而且不同结构的"把"字句难易程度也不同。熟悉和掌握各种不同形式的"把"字句，了解它们的句法组合形式和语义特征，是"把"字句习得的前提条件。此板块不考虑"把"字句的实际应用，一共涉及28 个问题，分为四个部分。具体安排如下：

第一部分："把"字句的句法构成；

第二部分："把"字句与其他句式的关联；

第三部分："把"字句中的"S＋把＋O＋V＋L"句式；

第四部分：陈述性"把"字句和祈使性"把"字句。

（二）习得篇

在了解"把"字句形式特征的基础上，对"把"字句各个构件的特征通过具体的偏误实例进行逐一说明。尤其是当学生对"把"字句的句法形式和语义特征的掌握达到一定水平后，注意的焦点不再局限于"把"字句的结构形式，就可以考虑"把"字句与语境的结合了。可以从典型语境入手，让学生理解什么情况下必须用"把"字句、什么语境下不能用"把"字句。教师应关注"把"字句使用者的主观感受。总之，这一板块强调的是"把"字句的使用。同时也会重点分析为什么有些貌似不能说的"把"字句在语境的支撑下却是合法的。此板块重在本体知识与"把"字句习得偏误的结合，力求语言通俗易懂。一共涉及 31 个问题，包含两个章节。具体安排如下：

第五部分："把"字句的不同语体表达；

第六部分："把"字句的使用和限制。

(三) 教学篇

"把"字句的教学一直是个"老大难"问题。如何将"把"字句的教学与学生习得"把"字句时的偏误结合起来，是教材编写者和教师需要进一步考虑的问题。"教无定法"，从学生的学习需求和教学的实际情况出发来开展教学，也许是一个可行的办法。因此，本书的第七部分主要列举了"把"字句教学中的 10 个问题，涉及部分教学设计或教学方法。

理论篇

第一部分 "把"字句的句法构成

1. 什么是"把"字句?

"把"字句是现代汉语特有的、使用频率很高的一种句式。根据研究,以汉语为母语的儿童,两岁多就开始说带"把"字的句子了。(张伯江,2019)从研究历史来看,现代汉语"把"字句的研究应该开始于1922年,黎锦熙在其《新著国语文法》中首创了"提宾"说,他认为介词"把"的作用是把原先位于动词之后的宾语提到了动词之前。邵敬敏等将"把"字句的研究历史概括为三个阶段:第一阶段为黎锦熙提出的"提宾"说、王力提出的"处置"说、吕叔湘提出的"行为动词"说、"宾语有定"说以及"谓语复杂"说;第二阶段"把"字句的研究主要集中在平面的和历史的两个方面;第三阶段为20世纪80年代以来的"把"字句研究。(邵敬敏、任芝锳、李家树等,2009)学术界对"把"字句的关注度之高、研究成果之丰硕由此可见一斑。从某种程度上说,"把"字句可以看成是现代汉语中的"哥德巴赫猜想"之一,无论是汉语语法本体研究领域,还是对外汉语教学界,关注"把"字句的学者非常多,但相关研究成果并未完全达成一致。可以这样说,在汉语语法本体研究领域,人们对"把"字句的分析和探讨越来越精细化,但在对外汉语教学领域,"把"字句的教学仍然是一个"老大难"问题。撰写本书不仅是为了进一步拨开"把"字句研究的迷雾,更重要的是推动"把"字句教学的有效开展。

我们先来看几本权威教科书对"把"字句所下的定义：

（1）《现代汉语》（重订本）（胡裕树，2019）：介词"把"的作用，是把动词支配的对象提到动词前边，以强调动作的结果。

（2）《现代汉语》（增订4版）（黄伯荣、廖序东，2007）："把"字句是指在谓语动词前头用介词"把"引出受事、对受事加以处置的一种主动句。

（3）《现代汉语》（齐沪扬，2007）："把"字句指用介词"把"将谓语动词支配、关涉的对象提到动词前边的一种句式。

（4）《新编现代汉语》（第2版）（张斌，2008）："把"字句是运用介词"把"将谓语动词涉及的事物置于动词前做状语的一种句式。

上述四本教材对"把"字句的界定，侧重点各有不同。

本书基本沿用张斌（2008）、齐沪扬（2007）的定义："把"字句是指由介词"把"构成的介宾短语做状语的句子，它表示某人、某事作用于某对象，控制并致使该对象产生一定的结果或者发生一定的变化。介词"把"的作用是引进动词所支配、关涉的对象。

"把"字句必须要有介词"把"，其基本格式是"主语+把+宾语+谓语"，我们可以用"S+把+O+VP"来表示①。例如：

（1）小张把书借给小李了。

（2）请把教室打扫干净。

（3）张老师把手机放在讲台上了。

例（1）～（3）中，"把书""把教室""把手机"这三个介宾短语分别做谓语部分"借给小李了""打扫干净""放在讲台上了"的状语。"借给小李了""打扫干净""放在讲台上了"是"把"字句的关涉对象"书""教室"和"手机"所产生的结果或变化。

判断一个"把"字句能否成立，我们通常会从句法结构和语义关系上看它是否符合以下要求：

第一，"把"字句的主语必须是谓语动作的发出者或者致使者（致使原因）。

---

① 在"S+把+O+VP"结构中，"S"表示"把"字句的主语，"O"表示"把"的宾语，"VP"表示动词性短语。

例如：

（4）我把昨天的那件事忘得一干二净。

（5）这孩子把他爸爸气得要命。

（6）这几天写论文把我累得不行。

例（4）的主语"我"是谓语动词"忘"的发出者，例（5）和例（6）的主语"这孩子""这几天写论文"分别是谓语动词"气"和"累"的致使者或者致使原因。

第二，"把"的宾语和谓语动词之间可以存在不同的语义关系。

多数情况下，"把"的宾语是谓语动作的受动者。例如：

（7）妹妹把房间收拾得干干净净。

（8）玛丽很快就把这首中文歌学会了。

有时候，"把"的宾语也可以是谓语动作的施动者。例如：

（9）孩子考上重点大学的好消息把老张高兴得不知说啥好了。

"把"的宾语还可以表示谓语动作的处所、工具等。例如：

（10）爸爸把整个上海都跑遍了，都没有找到这种特效药。

（11）他写得太用力了，把笔都写断了。

第三，"把"的宾语在意念上必须是有定的，一般为交际双方所共知。表现在形式上，有时可以加一些限定性修饰成分；有时由于上下文或语境的支撑，没有修饰成分也是可以的，只要交际双方都能理解、意会就可以了。例如：

（12）老师把我的名字写错了。

（13）我昨天在上班路上把一个电脑给摔坏了。

（14）你去把书拿过来！

第四，谓语动词必须包含结果义或者变化义。不包含结果义或者变化义的"把"字句是不能成立的。① 由于单个动词不包含结果义或者变化义，所以谓语

---

① 汉语中也会出现少数"把歌唱""把他夸"之类的特殊用法，仅限于出现在诗歌或戏曲这样的文体中。还有少数含有处置意味的双音节动词的前后，有时也可不带别的成分。如"坚决把病毒消灭""一定要把问题解决"等。

动词不能是单个的、孤立的，通常后面要带有其他成分，有时候也可以在前面加修饰语。例如：

（15）他把作业交了。

（16）你需要把抽屉往里推才能打开。

例（15）中的动词"交"本身体现不出结果义或者变化义，后面加上"了"以后才能体现这样的语义。同样的，例（16）中的动词"推"也不具备结果义或者变化义，它是通过前面的修饰成分"往里"得以实现的。由此可见，单个谓语动词缺少时间上的终止性，它需要借助前后的成分赋予动作这种终止性。

2. "把"字句由哪几部分构成？

《现代汉语八百词》（增订本）（吕叔湘主编，1999）曾对现代汉语"把"字句的格式进行了概括。详见表2-1。

表 2-1 《现代汉语八百词》概括的"把"字句

主语	状语	"把"+宾语1	状语	动词	宾语2	宾语数	助词及其他
你		把零钱		带			在身上
我	已经	把这本书		看了		三遍	了
你		把这本词典	再	借［给］	我	三天	
你		把写好的稿子	都	给	我		吧
老王		把炉子		生上了	火		

据此，一个完整的"把"字句的结构大致是这样的：主语（＋修饰语）＋把＋介词宾语（＋修饰语）＋动词（＋其他成分）

这一结构可以概括抽象为：S——把O——VP。例如：

（1）小张——把杯子——打了。

（2）我——把朋友——送到了机场。

（3）学校——千万别把比赛时间——改了。

（4）这孩子——老是把衣服——乱扔。

（5）打游戏——快把他的眼睛——给打瞎了。

"把"字句通常由三个部分构成：

第一部分是主语"S"。"把"字句的主语是"把"字句中动作行为的发出者或致使者，一般由名词、代词、名词性短语或动宾短语来充当。例如例（1）～（5）中的主语。

主语有时候可以不出现在句子层面上。例如：

（6）把饭吃了！

（7）快把我愁死了！

例（6）是祈使句，省略了听话人一方，在对话语境中双方都知道动作的主体是谁；例（7）的主语可能是某个人，也可能是某件事，让"我""愁死了"的原因到底是什么，需要依据语境来确定。例如：

（7）a. 这孩子太不像话了，快把我愁死了。

　　　b. 这事儿太不靠谱儿了，快把我愁死了。

第二部分是"把"和它后面的宾语"O"。"把"后的宾语一般由名词、名词性短语、代词充当，有时候也可以是动词性成分。宾语"O"所指事物一般是双方已知的，是一个确指的、听话人可以理解并且确认的事物。宾语在形式上既可以是有定的，也可以是无定的。"把"前可以有状语。例如：

（8）每次来，他都把我当成贵宾。

（9）学生们把通过 HSK 六级作为首要任务。

（10）妈妈做饭时不小心把一个碟子打碎了。

第三部分是谓语部分"VP"。由于"把"字句中必须出现表示结果或者变化的词语，因此，"把"字句的谓语部分"VP"都是复杂形式，主要分两种情况：

一种是谓语动词重叠或者后加"着""了""过""在""到""给"以及各类补语等等。例如：

（11）玲玲把手机丢了。

（12）别忘了把这些书带着！

（13）王老师把那些复习资料<u>研究过很多遍</u>。

（14）你把衣服<u>搭在椅背上</u>吧。

（15）老师把他<u>带到教室里</u>。

（16）他把书<u>递给了玛丽</u>。

（17）你把这些书<u>整理一下儿</u>。

（18）请把快递<u>取回来</u>。

（19）这孩子把他爸爸<u>气得要命</u>。

（20）你把衣服<u>洗洗</u>。

（21）坐在前排的这个小朋友把手里的玩具<u>看了又看</u>。

还有一种情况是谓语动词前面加上修饰语。这种情况相对比较少。这些修饰语主要有"一、都、也、全、到处、不"、用"往"引进的方位短语、表比况意义的"当……"等等。例如：

（22）他把他那大嗓门<u>一喊</u>，整个楼里都听到了。

（23）别把衣服<u>到处乱扔</u>！

（24）你把门<u>往外推</u>！

（25）那个阿姨一看到我就把我<u>往怀里拉</u>。

（26）他<u>不</u>把我<u>当人看</u>。

3. "把"字句在形式上有哪几类？

由于"把"字句的作用不只是说明某一动作使"把"的宾语发生某种变化，还说明变化的结果以及变化的方式，所以"把"字句中的谓语动词表示的动作行为需要具有终结性①语义特征。相应地，"把"字句的谓语在形式上就比较复杂，谓语动词前面或后面要有一些其他成分，比如动词后面可以带上结果补语、趋向

---

① 这里的"终结性"指的是动词的界限特征，即动作在时间上有"有界"和"无界"之分。有界动作在时间轴上有一个起始点和一个终止点，无界动作则没有起始点和终止点，或只有起始点而没有终止点。详见沈家煊（1995）、沈家煊（2004）。

补语、数量补语、情态补语、体标记"着""了""过"、动词宾语等成分，动词前面可以加上修饰语，等等。"把"字句需要通过这些句法形式来凸显动作行为的界限特征。

根据谓语部分"VP"的构成特点，可以从句法形式上将"把"字句分为以下五种结构类型：

一、S＋把＋O＋V＋宾语。例如：

（1）我想把这篇文章翻译成英语。

（2）我一直把小宋当作我最好的朋友。

（3）小刚把这个杯子碰掉了一块漆。

二、S＋把＋O＋V＋补语。例如：

（4）老师已经把这件事情解释清楚了。

（5）妈妈把洗好的衣服放在衣柜里了。

（6）班长把最困难的工作留给了自己。

三、S＋把＋O＋状语＋V。例如：

（7）他总是把不三不四的人往家里领。

（8）你别把垃圾到处乱扔。

（9）她把眼睛一闭，很快就睡着了。

四、S＋把＋O＋V＋了／着／过。例如：

（10）姐姐把换下来的衣服洗了。

（11）你走时别忘了把电脑带着。

（12）我从来没有把这个秘密跟妈妈说过。

五、S＋把＋O＋V＋动词重叠。例如：

（13）你去把这些单词背一背。

（14）他把房间里的杂物收了收。

（15）你把今天的情况说说吧。

4. "把"字句的语义分类有哪几种?

"把"字句的语义一直是"把"字句研究的热点和焦点,张旺熹、吕文华、崔希亮、金立鑫、刘一之、张伯江等均对这一问题做过深入的探讨。张旺熹(1991)认为"把"字结构以表达与目的意义紧密相关的语义内容为本质特征,它主要包含三层含义:"把"字结构本身表达目的的意义;"把"字结构表达目的的实现——结果的意义;"把"字结构表达为了特定的目的而执行特定的行为动作——手段的意义。吕文华(1994)将"把"字句的语义划分为六类:表示某确定的事物因动作而发生位置的移动或关系的转移;表示某确定的事物因动作而发生某种变化,产生了某种结果;表示动作与某确定的事物发生联系,或以某种方式发生联系;把某确定的事物认同为另一事物,或某事物通过动作变化为在性质或特征上有等同关系的另一事物;表示不如意;表示致使。崔希亮(1995)将"把"字句的语义划分为"结果类"和"情态矢量类"两类。金立鑫(1997)在崔希亮的基础上重新进行了分类,将"把"字句分为"结果类""情态类""动量类"三类。刘一之(2000)用"A 把 B VP"来表示"把"字句,认为"把"的作用是把视点放在"B"上,并从意义角度将其分为三种情况:"A"是施事,"VP"是"A"主动进行的;"B"是施事,则强调"B"的被动性以及和"A"的关系;如果"VP"不是主动进行的,则含有一种不幸遭受的意味。张伯江(2019)则从主语的意志性、宾语的有定性、动作的结果性、句式的处置性等方面对"把"字句的语义问题做了较为细致的阐述。

由上述介绍我们不难发现,直到现在,大家在"把"字句的语义问题上还未达成完全的共识。我们基本赞同金立鑫的观点,根据"把"字句中谓语动词表现出来的语义特征,将"把"字句分为以下三大类:

第一,结果类"把"字句。

这一类"把"字句的表现形式最为丰富。此处的"结果"是一种广义上的

"结果"，凡是状态变化造成的结果、位移变化造成的结果等都包含在内。这一类表示"结果"义的"把"字句是最具典型性的，也是"把"字句中数量最多的。例如：

（1）我一直把他看作我最好的朋友。

（2）这孩子把房间搞得乱七八糟的。

（3）她把爱情看得比生命还重要。

（4）他快要把我气死了。

（5）麦克把那只受伤的小狗带回了自己家。

（6）他把全部的时间都花在了工作上。

（7）小张把妈妈的话全抛到了脑后。

（8）你不要总是把事情往坏处想。

例（1）～（4）表示的是"把"字宾语受到动作的影响可能或已经发生的状态的变化，这是一种比较典型的"结果"；例（5）～（8）这类"把"字句表示动作的趋势或趋向，动词前后常常加上表趋向的介词短语，这些可以看成是位移变化造成的结果。一般来说，结果类"把"字句的前半段和后半段之间隐含着一种因果关系。如"他把孩子教育得很有礼貌"，正是因为"他"的"教育"，"孩子"才会"很有礼貌"，前者是后者存在的必要条件，后者是前者合乎逻辑的结果。

第二，动量类"把"字句。

这类"把"字句的谓语部分常常用动量短语对动词进行补充说明。例如：

（9）小明一回家，妈妈就把他批评了一顿。

（10）他把明天的演出又排练了一遍。

（11）我已经把手头的资料整理过两回了。

（12）我刚进门，他就把我踹了一脚。

其实，从宽泛的角度来看，这些对动词进行补充说明的动量短语"一顿""一遍""两回""一脚"等表达的也是一种泛义的结果。

第三，情态类①"把"字句。

---

① 这里的"情态"与"情态补语"中的"情态"不是一回事。"情态补语"中的"情态"是用来描述或评价的。

这里的情态特征包含尝试态和即时态两种。（崔希亮，1995；金立鑫，1997）例如：

（13）考试前一定要把课本再复习复习！

（14）妈妈叮嘱小红回家后一定要把手洗一洗。

（15）他把衣服理了理就出门了。

（16）他把钱往桌上一放，就离开了。

（17）看到我，他把眼睛一瞪，不说话了。

（18）我走过去的时候，他把腿一伸，拦住了我。

动作的尝试态常常通过动词重叠来实现，如例（13）的"VV"、例（14）的"V一V"、例（15）的"V了V"。动作的即时态常常在动词前加"一"，构成"一V"，表示动作的突然性和短暂性，如例（16）～（18）中的"一放""一瞪""一伸"。

动量类"把"字句和情态类"把"字句不同于结果类"把"字句，句子的前半段和后半段之间都不存在因果关系。

5. "把"字句中的补语有哪几种类型？

"把"字句中的动词后可以带多种补语。汉语中的补语是指位于动词或形容词后面的谓词性成分，主要包括结果补语、趋向补语、情态补语、可能补语、程度补语、数量补语、介词短语补语等。在这七类补语中，除了可能补语之外，其他六种补语都可以用在"把"字句中。下面我们分别介绍一下儿。

一、"把"字句中的结果补语

结果补语主要表示动作或状态的结果，即动作发出者或者动作受事的状态发生变化。例如：

（1）弟弟把今天新买的饮料全喝光了。

（2）爸爸把我请的客人全骂跑了。

（3）老师讲的笑话太好笑了，把我的肚子都笑疼了。

（4）他把妹妹气哭了。

由于"把"字句强调"把"的宾语因动作而受到的影响或者产生的变化，这种语义特征与结果补语的语义特征很契合，所以"把"字句带结果补语的情况相对来说比较常见。

二、"把"字句中的趋向补语

趋向补语是指动词后由表示趋向的动词充当的补语，如"来""去""上""下""进""出""进来""出去""回来""回去"等。从意义上来看，趋向补语的语法意义比较复杂，用在"把"字句中的趋向补语的意义主要有以下两类。

（一）表趋向意义的趋向补语

指的是"把"的宾语产生了空间位置的移动。例如：

（5）下课后，老师把玛丽叫<u>过来</u>了。

（6）爸爸一生气就把小明赶<u>出去</u>。

（7）小玲把买好的礼物寄<u>回</u>家了。

（8）你快把这些东西给他送<u>过去</u>。

（二）表结果意义的趋向补语

指的是"把"的宾语发生了附着、固定的变化或者达到了预期的目标。例如：

（9）请你把黑板上的句子抄<u>下来</u>。

（10）外面天气冷，赶紧把大衣穿<u>上</u>吧。

（11）快把窗帘拉<u>起来</u>！

（12）他终于把欠别人的钱还<u>上</u>了。

三、"把"字句中的情态补语

情态补语主要指动词或形容词后表示动作结果状态的补语，常用来描述或评价。情态状语常用"得"连接，有时也可以用"个"来连接。例如：

（13）妈妈突然发脾气，把我和弟弟骂得<u>莫名其妙</u>。

（14）拍照时，他把手机举得<u>跟头一样高</u>。

（15）他把那本小说翻得<u>书页都已经掉了</u>。

（16）孩子们把桌子踢得<u>东倒西歪</u>。

（17）在这场篮球比赛中，我们把对手打了个<u>落花流水</u>。

（18）跑八百米把我累得<u>气喘吁吁</u>的。

"把"字句中的情态补语的语义通常指向动作的受事，是对动作受事的描写。如例（13）中的"莫名其妙"指向"我和弟弟"，例（14）中的"跟头一样高"指向"手机"，例（15）中的"书页都已经掉了"指向"那本小说"，例（16）中的"东倒西歪"指向"桌子"，例（17）中的"落花流水"指向"对手"。

情态补语的语义有时也可以指向动作的施事（广义上的）。如例（18）中的"气喘吁吁"指向"我"。

有时候，情态补语用在"把"字句中时，可以采用省略形式，即结构助词"得"后无其他成分。这类句子的主语前常有"瞧""看"之类动词。例如：

（19）瞧把孩子累得。

（20）看把妈妈给急得。

这类句子省略了情态补语。说话人在当时的语境下，即使不说出后面的情态补语，听话人也能明白说话人的意思。这类省略形式一般只出现在口语语体中。

四、"把"字句中的程度补语

程度补语是指直接用在动词或形容词后表示程度的补语，仅限于"死""坏""透""要命""不行""不得了"等几个表示程度义的副词。"把"字句中的程度补语既可以用"得"连接，也可以不用"得"连接。包含程度补语的"把"字句通常用在口语语体中。例如：

（21）这工作把我累得<u>不得了</u>。

（22）孩子考试没及格，把他气得<u>不行</u>。

（23）大雨把他全身都淋<u>透</u>了。

（24）今天快把我累<u>死</u>了。

有时候，"把"字句中的程度补语和结果补语在形式上会有重合。例如：

（25）孩子考试又没及格，可把妈妈给气<u>坏</u>了。

（26）孩子调皮得很，把手机又搞<u>坏</u>了。

以上两句的补语都是"坏"，但是这两个"坏"语义不同。例（25）中"气坏"的"坏"是程度补语，例（26）中"搞坏"的"坏"是结果补语。

五、"把"字句中的数量补语

数量补语是指放在动词后面表示动作、变化的数量的补语。"把"字句中的数量补语通常指的是动量补语。[①]动量补语表示动作、行为进行的数量或者次数，由动量词来充当。例如：

（27）老师把教室的门重重地敲了<u>几下</u>。

（28）小张已经把这本教材看过<u>好几遍</u>了。

（29）爸爸还没下班，妈妈已经把晚饭热了<u>两次</u>了。

例（27）～（29）中的"几下""好几遍""两次"都是从动作的次数上来对动作进行补充说明的。

六、"把"字句中的介词短语补语

与前几类补语不同的是，介词短语补语是从结构形式上来说的，而不是从语义上划分的。介词短语补语指的是由介词"在""于""给""向"等组成的介词短语放在动词或形容词后面做补语。由于该类补语的形式特征很明显，且表达的语义很难完整地并入前五类补语中，所以我们就将该类补语与前五类补语并列在了一起。例如：

（30）孩子们把友谊的种子洒<u>向祖国的四面八方</u>。

（31）他把全部的精力都用<u>于教书育人</u>。

（32）我把昨天买的新书都放<u>在家里</u>了。

（33）她把所有的爱都奉献<u>给了山区的孩子们</u>。

尽管我们对这六类补语进行了类型划分，但实际上这六类补语在"把"字句

---

① 时量补语在"把"字句中的使用频率很低，并且仅限于跟有限的几个动词（如"挂、贴、放、推迟、延期、缩短"等）搭配。例如：她把大衣在阳台上挂了好几天了。/组委会把比赛的时间推迟了两天。留学生经常出现这样的偏误：*小张把这本书看了好几天了。/*麦克把教室打扫了两个小时。

中体现的结果性特征都是十分明显的，这也符合"把"字句的基本语义。另外，要注意的是，"把"字句中的补语不能是可能补语，因为可能补语通常表示的都是主、客观条件是否允许实现某种动作的结果或趋向，这与"把"字句的基本语义相悖。例如：

（34）＊我把箱子<u>打得开</u>。（我打得开箱子。）①

（35）＊我把老师<u>看得到</u>。（我看得到老师。）

6.介词"把"在"把"字句中的特点是什么？

介词"把"在"把"字句中有以下几个特点：

一、介词"把"是显性的句式标记

汉语中有很多带有显性句式标记的句式，如"被"字句的显性句式标记是介词"被"，"由"字句的显性句式标记是介词"由"，而汉语"把"字句中最典型、最显性的句式标记便是介词"把"。自从黎锦熙于20世纪20年代提出介词"把"的作用是将动词宾语前置一说以来，不少学者都认为"把"字句与一般的主谓宾句密不可分，"把"字句是由一般的主谓宾句变换而来的。这种看法其实是将"把"字句看作一种派生句式。但实际上，这种看法是不合适的。比如，"他送客人进电梯"和"他把客人送进电梯"这两句，无论在句法上、语义上，还是在语用上，都有很大的不同。而造成这种差异的主要原因是介词"把"的出现。不管以往学者是将"把"字句的语义定为"处置"说、"致使"说，还是"位移"说，介词"把"对整个"把"字句句式的语义表达都起到了极其重要的作用。如果没有介词"把"，整个"把"字句句式的语义也就无从谈起。

---

① 标"＊"表示句子不合法。

二、介词"把"由动词"把"虚化而来

现代汉语中的很多虚词都是由古代汉语中的实词虚化而来的。现代汉语中的介词虚化有两种情况。一种虚化得很彻底，只保留了介词的用法。如介词"被"由古代汉语中的动词"被"虚化而来，在现代汉语中，"被"的动词用法已经完全没有了，只保留了介词用法。还有一种虚化得不彻底，既保留了动词的用法，又衍生出了介词的用法。如虚化后的"把"具有动词和介词两种词性。

"把"的历史演变是一种典型的语法化过程。"把"原本是动词，表示"握、持"义，在句中是作为唯一的核心动词（其结构为"把+O"）而存在的，如古代汉语中的"禹亲把天之瑞令，以征有苗""怀兰英兮把琼若"等等。句法位置是实词虚化的条件之一，实词出现在次要的句法位置上就容易虚化。实词的虚化要以意义为依据，以句法地位为途径。[①]在"把"字由动词发展为介词的过程中，"把"字进入连动句是其虚化的重要条件之一，其结构发展为"把+O_1+V+O_2"，如"把酒问青天"等。由于连动句中的第一个动词表示方式，第二个动词表示目的，这就造成了两个动词句法地位上的不均衡。"把"进入连动句后，因为经常出现在第一个动词的位置上，其及物动词的功能逐渐减弱，意义也逐渐抽象化，进而演变成了虚词。

三、介词"把"在句中常引出话题

当说话人使用"把"字句时，听话人必须要知道介词"把"的宾语具体是什么，这一宾语必须是听话人可以理解、可以确定的事物。在语言交流中，"把"的宾语就是言谈双方交际的话题。所以，介词"把"引出的这一话题在形式上多是有定的、已知的；或者虽然形式上无定，但从语境中是可以意会的。例如：

（1）我想把窗帘换成蓝色。

（2）小张昨天骑摩托时把一个姑娘撞倒了。

---

① 实词的虚化，要以意义为依据，以句法地位为途径。也就是说，一个词由实词转化为虚词，一般是由于它经常出现在一些适于表现某种语法关系的位置上，从而引起词义的逐级虚化，并进而实现句法地位的固定，转化为虚词。（解惠全，1987）

以上两句中的"窗帘"和"一个姑娘"都可以作为后续交谈内容的话题，以此展开话语交际。

7. 介词"把"的隐现跟"把"的宾语的音节长度有关系吗？

我们发现，在语义表达基本相同的情况下，有时用"把"和不用"把"似乎都是可以的。例如：

（1）妈妈把房间打扫干净了。→妈妈房间打扫干净了。

（2）我把手磨破了皮。→我手磨破了皮。

（3）小林把手机忘在了车上。→小林手机忘在了车上。

以上三例中，左侧三句是"把"字句，右侧三句是主谓谓语句。当然，介词"把"隐去后，前后表达的语义肯定是有差异的。用"把"和不用"把"，表达的意思会有怎样的不同？介词"把"什么时候可以隐去，什么时候不能隐去？关于这些问题，后面还会有详细论述。但是，"把"字句中介词"把"隐去后变成主谓谓语句这一变换并不是完全自由的。"把"能否自由隐现跟"把"的宾语的音节长度是有关系的。例如：

（4）我把这本书看完了。→我这本书看完了。

（5）我把这本昨天刚从图书馆借来的小说看完了。

→*我这本昨天刚从图书馆借来的小说看完了。

可以看到，例（4）中的"把"可隐可不隐，而例（5）中因为宾语"这本昨天刚从图书馆借来的小说"音节比较长，所以如果将"把"隐去的话，句子就不能成立了。

陆丙甫（2011）认为，出现在主语后的前置宾语如果很长，更需要用标志"把"来引进。例（5）可以看成是陆丙甫所说的"重度—标志对应律"的一个例子。这里的"重度—标志对应律"是指："一个成分越长，或内部结构越复杂，就越需要带上一个标示其句法地位的标志。"（陆丙甫，2011）

在这里，我们想从"语块"的角度对"把"的宾语的音节长度做一些说明。语言中的很多句式，都是由一个个的语块构成的，语块是作为句式的构成单位而存在的。例如："S＋把＋O＋V＋补语"中的典型句式"S＋把＋O＋V＋L"（"L"是表示处所义的宾语）就是由四个语块构成的：

实施者——移动对象——移动方式——移动后的方向或终点

S　　　＋　把＋O　　＋　V（在／到／向……）　＋　L

我们对含"S＋把＋O＋V＋L"句式的语料进行了考察，结果发现，人们在运用该句式时，在"移动对象"（把＋O）这一语块中，更倾向于选择音节长度短小的语块作为"把"的宾语。这并不难解释。因为语块越短，需要投入的脑力资源就越少，这样就可以把更多的精力放在该句式的后半段上了。这反映了自然语言"大块置末"的语序策略（陆丙甫，1993），同时也符合吴为善（2006）提出的语言组块过程中"前松后紧"的倾向。比如在"他把书放在桌子上"这一句子中，"把"后的宾语"书"作为旧信息，只是起到了话题的作用。交际双方尤其是听话人更想知道的是该句式后半段所要表达的信息，即主语"他"将"书"怎么样了、做了怎样的处理。当说话人说出"放在"这一语块时，提供的信息量完全不足以成句，因此必须赶紧补上"桌子上"这一重要信息，才能满足听话人的心理需求。

另外，在句式变换过程中，"把"字句前半段（如"O"）和后半段（如"L"）音节长度的不同也会影响"把"的隐现。例如：

（6）姐姐把新裙子放在了衣柜最上层右边的那个格子里。

（7）姐姐把昨天在五角商场逛街时买的那条蓝色的新裙子放在了衣柜最上层右边的那个格子里。

以上两例中，例（6）是前半段"O"的音节比较短，后半段"L"的音节比较长。例（7）前半段"O"和后半段"L"的音节都很长。这两例在"把"的隐现上的表现也是不同的：例（6）可以自由地隐去介词"把"，例（7）则不能隐去介词"把"。

（6′）姐姐新裙子放在了衣柜最上层右边的那个格子里。

（7′）姐姐昨天在五角商场逛街时买的那条蓝色的新裙子放在了衣柜最上层

右边的那个格子里。

之所以例（7′）不成立，是因为这种"头重脚轻"的线性排列不符合人们对信息的正常认知顺序，也超出了人们短时记忆和注意力的限度，造成了理解上的困难。而例（6′）之所以成立，是因为通常情况下，常规焦点都是往后放的，听话人也自然会把注意力放在后面，所以，即使后半段"L"的音节比较长，也不会对听话人造成多少记忆负担。

由此可以推断出，"把"的隐现跟"把"的宾语的音节长度是密切相关的。音节越长，"把"越不容易隐去。

8. 放在"把"字前的状语主要有哪些？

从理论上来讲，"把"字句的状语有两类。一类是"把＋宾语"构成的介宾短语充当的状语，这个状语很重要，它是"把"字句之所以成为"把"字句的关键所在，是用来构成"把"字句的。如"她把衣服洗干净了"中的"把衣服"这一状语是该"把"字句的重要组成部分。另一类状语是由其他介宾短语、副词、形容词等充当的状语，是用来修饰"把"字句的。我们这里讨论的状语指的是后者。

"把"字句中状语的位置比较复杂，有的只能出现在"把"字前，有的只能出现在动词前，还有的出现在"把"字前和动词前都可以。

放在"把"字前的状语主要有以下几类：

第一，起关联作用的"便、就、才、再"等副词。例如：

（1）他吃完饭便把碗洗干净了。→＊他吃完饭把碗便洗干净了。

（2）他刚考完试就把课本处理掉了。→＊他刚考完试把课本就处理掉了。

（3）他直到深夜才把作业做完。→＊他直到深夜把作业才做完。

（4）你再把钱弄丢了就不要向我借了。→＊你把钱再弄丢了就不要向我借了。

第二，由能愿动词、时间名词（短语）、语气副词等充当的状语通常放在

"把"字的前面。例如：

能愿动词做状语：

（5）我<u>可以</u>把这支笔拿走吗？ → ＊我把这支笔可以拿走吗？

（6）我<u>会</u>把这件事情记在心上的。 → ＊我把这件事情会记在心上的。

时间名词（短语）做状语：

（7）我<u>昨天</u>把书还给图书馆了。 → ＊我把书昨天还给图书馆了。

（8）他<u>去年春节</u>把女朋友带回家见父母了。 → ＊他把女朋友去年春节带回家见父母了。

语气副词做状语：

（9）我男朋友<u>竟然</u>把我的生日给忘了。 → ＊我男朋友把我的生日竟然给忘了。

（10）我男朋友<u>果然</u>把我的生日给忘了。 → ＊我男朋友把我的生日果然给忘了。

第三，当状语的语义指向"把"字句的主语，表示动作发生时主语的情态、心理时，状语通常放在"把"字前。例如：

（11）我<u>不小心</u>把一根很粗的鱼刺吞下去了。 → ＊我把一根很粗的鱼刺不小心吞下去了。

（12）他<u>激动</u>地把女朋友抱了起来。 → ＊他把女朋友激动地抱了起来。

（13）老李<u>慌里慌张</u>地把大门关上了。 → ＊老李把大门慌里慌张地关上了。

以上三例中的状语"不小心""激动""慌里慌张"在语义上指向的都是各自的主语"我""他"和"老李"的情态和心理，在这种情况下，状语通常放在"把"字前。

第四，否定副词"不"和"没"一般放在"把"字前。例如：

（14）我<u>没</u>把比赛失败的事情告诉父母。 → ＊我把比赛失败的事情没告诉父母。

（15）我<u>没</u>把今天的练习做完。 → ＊我把今天的练习没做完。

（16）我<u>不</u>把作业做完就不睡觉。 → ＊我把作业不做完就不睡觉。

（17）你为什么<u>不</u>把手机放在包里？ → ＊你为什么把手机不放在包里？

在一些熟语性结构里，否定副词可以放在"把"字句中的动词前（如：你太把人不放在眼里了）。关于这个问题的详析，请看问题11。

第五，当限制性范围副词"单、光、仅、只"做状语对"把"的宾语进行限定时，状语只能放在"把"字前面。例如：

（18）她<u>只</u>把这个房间打扫干净了。→ *她把这个房间只打扫干净了。

（19）为什么其他人都走了却<u>单</u>把我一个人留下来？

→ *为什么其他人都走了却把我一个人单留下来？

（20）你<u>光</u>把他的地址告诉我还不够，我还想要他的电话号码。

→ *你把他的地址光告诉我还不够，我还想要他的电话号码。

第六，处所状语（介词多为"在"）如果表示在某地处置"把"的宾语，并且语义指向主语时，多放在"把"字前。例如：

（21）我<u>在教室里</u>把明天的作业准备好了。→ *我把明天的作业在教室里准备好了。

（22）他<u>在香港</u>把硕士课程学完了。→ *他把硕士课程在香港学完了。

例（21）中，"把"的宾语"明天的作业"是"在教室里""准备好"的，并且主语"我"也在"教室里"。例（22）中，"把"的宾语"硕士课程"是"在香港""学完"的，并且主语"他"也在"香港"。

9. 放在动词之前的状语主要有哪些？

在"把"字句中，放在动词前面的状语主要有以下几类：

第一，表示动作行为的方向、路径或对动作行为进行描写的状语一般放在谓语动词前。例如：

（1）别把垃圾<u>到处</u>乱扔。→ *别到处乱把垃圾扔。

（2）他把椅子<u>往后</u>挪了挪。→ *他往后把椅子挪了挪。

（3）我把这件事情<u>向领导</u>做了汇报。→ *我向领导把这件事情做了汇报。

（4）他把一个香烟屁股<u>死死地</u>摁在烟缸里。→ *他死死地把一个香烟屁股摁在烟缸里。

第二，当状语从语义上对"把"的宾语进行范围上的总括时，通常放在动词前面。这类状语通常为"全、都、统统"等范围副词。例如：

（5）他把房间全打扫干净了。→＊他全把房间打扫干净了。

（6）下课后你帮我把作业统统收上来。→＊下课后你帮我统统把作业收上来。

（7）他把行李都拿走了。→＊他都把行李拿走了。

第三，从语义上对"把"的宾语进行描述的状语，一般要放在动词前。例如：

（8）他把上门要债的人满意地打发走了。

从语义上说，例（8）中的"满意"指向"上门要债的人"，而不指向施动者"他"，所以"满意"和"上门要债的人"在句法排列上要紧挨着，放在动词"打发"的前面。如果换成"他满意地把上门要债的人打发走了"，此时"满意"在语义上指向主语"他"。又如：

（9）放学后幼儿园老师把孩子们高兴地送上了班车。

例（9）中的"高兴"在语义上指向"孩子们"，而不指向"幼儿园老师"，所以状语"高兴地"和"孩子们"在句法排列上要紧挨着，放在动词"送"的前面。

第四，处所状语（介词多为"在"）在语义上指向"把"的宾语，而不指向施动者时，多放在动词前。例如：

（10）我把手在盆里洗了洗。→＊我在盆里把手洗了洗。

例（10）的主语"我"不在"盆里"，而"把"的宾语"手"在"盆里"，所以处所状语"在盆里"要放在动词"洗"的前面。如果换成"我在盆里把手洗了洗"，更倾向于理解成主语"我"在"盆里"，在语义表达上不够顺畅。又如：

（11）我把昨天的剩菜在微波炉里热了一下。→＊我在微波炉里把昨天的剩菜热了一下。

例（11）的主语"我"不在"微波炉"里，"剩菜"在"微波炉"里，所以"昨天的剩菜"和"在微波炉里"紧密相连。处所状语"在微波炉里"如果前移到主语"我"的后面，句子更倾向于被理解成"我"在"微波炉里"，不符合常理。

概括来讲，这里的状语排序规律符合"语义靠近"原则，即在语义关系上越紧密的成分，在句法位置上也越靠近。（金立鑫，2007）如果状语在语义上只跟"把"的宾语有密切联系，或与"把"的宾语和谓语动词均有密切联系，一般要放在"把"字之后、谓语动词之前。

10. 放在"把"字之前和动词之前皆可的状语主要有哪些？

在"把"字句中，放在"把"字前面和动词前面皆可的状语主要有以下几类：

第一，大部分的情态副词既可以放在"把"字前，也可以放在谓语动词前。汉语中表情态的副词包括"纷纷、特意、故意、偷偷、悄悄、顺手、随手、顺便、亲自、互相、胡乱、渐渐"等。例如：

（1）朋友亲自把我送到了机场。→朋友把我亲自送到了机场。

（2）她渐渐把他当成了最信任的朋友。→她把他渐渐当成了最信任的朋友。

（3）那个小男孩故意把手放在脑袋上面。→那个小男孩把手故意放在脑袋上面。

（4）那个非法组织偷偷把他运出了国。→那个非法组织把他偷偷运出了国。

第二，表示重复的副词"再、又、还"等，既可放在"把"字前，也可放在谓语动词前。例如：

（5）你又把他叫回来干什么？→你把他又叫回来干什么？

（6）你再把那本书看一遍吧！→你把那本书再看一遍吧！

（7）你还把这件事告诉过谁？→你把这件事还告诉过谁？

第三，当状语的语义指向谓语动词时，状语放在"把"字前和谓语动词前都可以。

（8）我经常把钱包忘在办公室。→我把钱包经常忘在办公室。

（9）你稍微把电扇开大一点儿吧！→你把电扇稍微开大一点儿吧！

（10）大家暂时把手上的工作放一放！→大家把手上的工作暂时放一放！

例（8）～（10）中，"经常"在语义上指向"忘在办公室"，"稍微"在语义上指向"开大一点","暂时"在语义上指向"放一放"。

第四，当状语的语义既可指向谓语动词，又可指向主语时，状语既可放在"把"字前，也可放在动词前。例如：

（11）他仔细地把作业检查了一遍。→他把作业仔细地检查了一遍。

例（11）中的"仔细"既可以指主语"他"很"仔细"，也可以指"检查"这一动作很"仔细"。对于这种语义指向两可的情况，状语的位置是比较自由的。

第五，当状语的语义既可指向谓语动词，又可指向"把"的宾语时，状语既可放在"把"字前，也可放在动词前。例如：

（12）他一本一本地把买来的新书摆放在书架上。→他把买来的新书一本一本地摆放在书架上。

例（12）中的状语"一本一本地"在语义上既可指向谓语动词"摆放"，又可指向"把"的宾语"买来的新书"。这类状语在"把"字句中的位置比较自由。

当然，状语放在"把"字前和放在谓语动词前相比，句子在语义上还是有细微差别的。如果是为了语义表达的需要而对状语进行强调，通常会把状语放在"把"字前。例如：

（13）他整整齐齐地把买来的书摆放在书架上。（强调"整整齐齐地"）

第六，当处所状语表示"把"的宾语从什么地方开始受动作支配时，可以放在"把"字前，也可以放在谓语动词前。例如：

（14）他从地上把钱包捡起来了。→他把钱包从地上捡起来了。

（15）他从墙上把画拿了下来。→他把画从墙上拿了下来。

例（14）（15）中"钱包"受动词"捡"支配是"从地上"开始的，"画"受动词"拿"支配是"从墙上"开始的。这时处所状语"从地上"和"从墙上"放在"把"字前或谓语动词前都可以。

11. 如何看待否定副词在"把"字句中的灵活位置？

大多数现代汉语教材在提到"把"字句的特点时，通常会认为否定副词不能放在"把"字之后，只能放在"把"字之前。不可否认，在现代汉语中，"把"字句中的否定副词出现在"把"之前是常态，但出现在"把"之后的情况也并不少见。下面我们将分别予以说明。

第一，否定副词在"把"之前。

在现代汉语中，能出现在"把"之前的否定副词相当多，如"不、没（有）、别、莫、未必、休、勿"等。前三个通常用在口语语体和通用语体中，后四个通常用在书面语体中。

这一类否定副词用在"把"字句中时，它们的否定范围具有不确定性：既可以否定"把"的宾语，也可以否定"把"的宾语后面的动词性成分，因此被否定的对象需要根据说话时的重音或上下文具体语境进行判定。但不管否定的是谁，否定词都是后向的，其否定意义都是针对否定词后面的词语而言的。

在含有否定副词的"把"字句中，出现在后面的动词性成分的类型比较多，可以是光杆动词加"了"的形式，也可以是动补短语（结果补语、趋向补语、情态补语等等）。例如：

（1）你别把钱丢了。→*你把钱别丢了。

（2）你别把衣服弄脏了。→*你把衣服别弄脏了。

（3）不把作业做完我就不睡觉。→*把作业不做完我就不睡觉。

（4）他离开教室的时候没把手机带走。→*他离开教室的时候把手机没带走。

之所以认为否定副词放在"把"之前是一种常态，这和"把"字句的语义直接相关。"把"字句的基本格式是"S＋把＋O＋VP"，既然"VP"描述的是由于某种特定动作而使宾语"O"产生某种变化，那么，作为"把"字句的基本语义，我们强调的肯定是"O"变化后的状态，即"把O怎么样了"。如果把否定副词放在谓语动词之前，就有些不合常理了。所以通常来说，"把"字句中的谓语动词是不能直接加以否定的，而要把否定副词放在"把"之前。例如：

（5）* 我把那本书没看完。

（6）* 我把今天的作业没做完。

我们之所以觉得例（5）（6）别扭，是因为"把"字句通常描述谓语动词表示的动作使"把"后的宾语受到某种影响，造成某种状态或结果。当听话人接收到"S＋把＋O"这一信息链条的时候，对后边即将出现的状态或结果一定是期待的。如果"把＋O"后边出现否定副词，那就同说话人选择"把"字句的语义要求相矛盾，听话人也会感到有些莫名其妙。

另外需要注意的是，"没"放在"把"字的前边时，句尾的"了"是要省去的。例如：

（7）小明把衣服洗干净了。

（8）朋友把手机借给我了。

（9）我把书包拿出去了。

加上"没"之后，则变为：

（10）小明没把衣服洗干净。（* 小明没把衣服洗干净了。）

（11）朋友没把手机借给我。（* 朋友没把手机借给我了。）

（12）我没把书包拿出去。（* 我没把书包拿出去了。）

但是，如果后面的谓语动词是光杆动词，加上"没"以后，句尾的"了"不能省去。例如：

（13）他把衣服洗了。

（14）他把苹果吃了。

（15）他把门关了。

加上"没"之后，则变为：

（16）他没把衣服洗了。（* 他没把衣服洗。）

（17）他没把苹果吃了。（* 他没把苹果吃。）

（18）他没把门关了。（* 他没把门关。）

第二，否定副词在"把"之后①。

在现代汉语中，能出现在"把"之后的否定副词不多，最常用的是"不"和"没（有）"。

否定副词出现在"把"之后的这一类"把"字句，否定副词的否定范围比较固定，主要否定的是"把"的宾语后面的动词性成分。这一类"把"字句中的动词性成分的类型比较单一，以"动词+介宾短语"和"当作"类居多。例如：

（19）她把我的事情没放在心上。

（20）他把你不当作外人。

上述两类带有否定副词的"把"字句，有时可以互相转化，且语义基本保持不变。例如：

（21）她没把我的话放在心上。→她把我的话没放在心上。

有时虽然可以相互转化，但转化前后意思略有差异。例如：

（22）这些人把他完全不放在眼里。→这些人不把他完全放在眼里。

而这种转化也是受限的，特别是当"把"的宾语中出现表周遍性的词语（如"谁"或者"什么"）时，否定副词一般只能出现在表周遍性的词语的后面。例如：

（23）她把什么都不当一回事。→ *她不把什么都当一回事。

（24）她把谁都没放在眼里。→ *她没把谁都放在眼里。

在一些口语的习惯用法中，否定副词"不""没"可以比较自由地放到"把"字结构的前面或后面。例如：

（25）他太不把人当人了！ →他太把人不当人了！

（26）他不把这当回事儿。→ 他把这不当回事儿。

（27）她没把我的事情放在心上。→她把我的事情没放在心上。

（28）他不把你当作外人。→他把你不当作外人。

（29）他差点儿没把我气死。→他差点儿把我没气死。

例（25）～（29）中表否定意义的"不""没"放在"把"字结构后边、动词

---

① 根据李双剑、陈振宇（2014）的考察，否定词放在"把"之后的格式在近代汉语中就已出现，但未能得到充分发展，进而保留到现代汉语中。这一否定格式的产生与这种句式中的消极性条件、信息价值条件、焦点性条件、话题性条件和语篇性条件有关。

"当""放""当作""气"等的前边，句子照样成立，这究竟是为什么呢？这似乎和前面所说的"把"字句的语义要求相矛盾，其实不然。在"不当人""不当回事儿""不当作外人""没气死"中，"不""没"并不是否定某一具体的行为动作及其结果，而是与其他成分一起构成较固定的短语来说明某种行为动作的结果，即"不当人""不当回事儿""不当作外人""没气死"本身就是行为动作发生后造成的一种结果或者状态。

另外，需要注意的是，与"不"相比，否定副词"没"进入"把"字句的能力更强。这与"把"字句本身的语义有关，也与否定副词"没"多用于否定动作的完成或经历（即否定已然事件）有关。例如：

（30）他把房间打扫干净了。

→他没把房间打扫干净。

*他不把房间打扫干净。

（31）他把父亲气病了。

→他没把父亲气病。

*他不把父亲气病。

但是，表示未然的"把"字句常用否定副词"不"。因为"不"通常否定事物的属性和未然事件。例如：

（32）你不把房间打扫干净就不要出门。

→*你没把房间打扫干净就不要出门。

（33）我今天不把这本书看完就不睡觉。

→*我今天没把这本书看完就不睡觉。

"把"字句的否定形式是"把"字句教学的重点之一。有了否定词的介入，"把"字句的结构又复杂了一些。很多时候学生明白自己要表达的否定意义与否定语气，但往往会因为否定词的语序问题发生偏误。为了让学生更好地掌握"把"字句的否定用法，教师不必非要等到进入中级教学阶段的"把"字句教学时再来重视否定词的语序教学，可以在初级阶段有意无意地通过教学指令等将"把"字句的否定用法渗透到学生的语言体系中去。

12. "把"的宾语与句中的谓语动词有哪几种语义关系?

由于"把"字句的主语通常是施动者或者致使者（致使原因），这就要求介词"把"后边必须有一个受控制、受影响的被支配者做宾语。"把"后边的宾语与句中谓语动词的语义关系多种多样，几乎谓语动词所联系的所有语义角色都可以出现在"把"的宾语位置上。

大多数情况下，介词"把"的宾语与"把"字句的谓语动词之间存在着动宾关系，即"把"的宾语是谓语动词的受事[①]。例如：

（1）父母把<u>希望</u>寄托在孩子身上。

（2）愤怒的父亲把<u>儿子</u>赶出了家门。

（3）我把<u>信</u>寄走了。

（4）老师把<u>文章</u>写完了。

例（1）～（4）中"把"的宾语和谓语动词之间的语义关系都可以用"被"字句来表现。例如："希望被寄托在孩子身上""儿子被赶出了家门""信被寄走了""文章被写完了"。

当"把"的宾语表示动作的处所和范围时，它与谓语动词之间则不存在动宾关系。例如：

（5）为了买到这本书，他把<u>整个北京</u>都找遍了。

（6）姐姐把<u>墙上</u>挂满了画。

例（5）和例（6）中"把"的宾语和谓语动词的语义关系可以理解成"在北京找""在墙上挂"，所以"北京"和"墙上"分别是动词"找"和"挂"的处所。

---

① 陈昌来（2003）在谈到现代汉语句子的语义结构时对动词论元进行了极其细致的分类，他认为动词能够支配的名词成分有施事、受事、致事、使事、经事、感事、系事、涉事、起事、止事、成事、位事、任事、与事（分为当事和共事）、凭事（包括工具、材料、方式、依据）、境事（包括时间和处所）、因事（包括原因和目的）、关事（包括对象、范围、方面、条件）、比事等等。本书提及的"施事"和"受事"都是广义上的。在教学中我们不进行详细分类，也无须详细分类。

如果处所词做宾语表示的是事物概念，它与谓语动词之间就是有动宾关系的。例如：

（7）他把<u>房间</u>打扫得干干净净。

例（7）的"房间"虽然是处所词，但却是动作"打扫"的受事，即"房间被打扫"。

有时候，"把"的宾语是全句谓语动词的施事（这里的"施事"也是广义上的），即动作的发出者。例如：

（8）这件事把<u>我</u>笑死了。

（9）辛苦了一天，看把<u>你</u>累得！

（10）巨大的爆炸声把<u>大家</u>吓了一大跳。

（11）这个故事把<u>我们</u>感动得泪流满面。

有时候，"把"的宾语是动词后补语的施事。例如：

（12）他每天熬夜看书把<u>身体</u>给看坏了。

（13）他昨天打篮球把<u>腿</u>摔断了。

例（12）和例（13）分别指的是"身体坏""腿断"。

还有一些比较复杂的"把"字句，"把"的宾语在语义上表示的是动作的工具、材料。例如：

（14）姐姐切肉时把<u>菜刀</u>都切钝了。

（15）妈妈把<u>那些毛线</u>织成了毛衣。

例（14）和例（15）分别表示的是"用菜刀切肉""用毛线织毛衣"，所以，"菜刀""毛线"分别是动作"切"和"织"的工具和材料。

13. 哪些句法强制条件下必须使用"把"字句？

有时候选择使用"把"字句，不完全是因为语义表达上的要求，还因为结构上的句法限制，也就是说句法结构要求必须要用"把"字句。通常有以下几种情况：

第一，当某个确定的事物因为某动作而发生位置的移动或关系的转移时，一般要用"把"字句。常构成"把+O+V在、把+O+V到、把+O+V进、把+O+V上、把+O+V下、把+O+V出来、把+O+V回、把+O+V向、把+O+V给"等。例如：

（1）他把老师的话牢牢地记在了心里。

（2）他把车开进了地下车库。

（3）几个人从家里把东西搬上了车。

（4）消防员把他从房间里救了出来。

（5）小张把女朋友领回了家。

（6）我们要把失足少年引向正确的人生轨道。

（7）我把钱还给麦克了。

第二，当某个确定的事物因为某动作而变化成为另一事物或被认同为另一事物时，一般要用"把"字句。动词本身包含"成、为、作"或者以"成、为、作"做结果补语（如"把+O+V成、把+O+V为、把+O+V作"等）。例如：

（8）姐姐把房间的墙壁刷成了粉色。

（9）这孩子把蓝色看成了绿色。

（10）他把朋友对他的关心理解为一种麻烦。

（11）麦克把通过下周的考试作为当前的首要任务。

（12）我把张强看作我最好的朋友。

第三，当谓语动词前用"都、全"一类表示范围的副词来总括"把"后的宾语时，通常要用"把"字句。例如：

（13）我已经把妈妈的话都忘了。

（14）爷爷把他一生经历的这一切全告诉了我们。

第四，当谓语动词带双宾语时，如果两个宾语（直接宾语和间接宾语）的音节都比较长、比较复杂，或者间接宾语的音节比较长、比较复杂，通常要用"把"字句。例如：

（15）张亮把李红要走的消息告诉了<u>正在公司上班的同事</u>。（两个宾语都比较长）

→*张亮告诉了正在公司上班的同事李红要走的消息。

（16）我把这个消息告诉了<u>周围的同事和朋友</u>。（间接宾语比较长）

→＊我告诉了周围的同事和朋友这个消息。

这是因为如果谓语动词的直接宾语和间接宾语都比较长，使用主谓句容易造成听者理解和记忆上的困难［如例（15）］；如果直接宾语短而间接宾语长的话，使用主谓句会显得整个句子头重脚轻，容易失去平衡［如例（16）］。面对这两种情况，我们通常会用"把"字句来平衡整个结构。

但如果间接宾语的音节比较短、比较简单，而直接宾语的音节比较长、比较复杂，可以不用"把"字句。例如：

（17）我把一堆又一堆的鲜花递给了他。（直接宾语比较长）

→我递给了他一堆又一堆的鲜花。

第五，如果"把"的宾语是"把"字句中谓语动词的宾语，并且谓语动词后有表示宾语情态的情态补语，这时候通常要用"把"字句。例如：

（18）妈妈把房间布置得十分温馨。

（19）那个小男孩趁妈妈不在家，把家里的墙壁涂得乱七八糟的。

（20）你把出国留学这件事想得太简单了。

例（18）中的情态补语"温馨"指向的是"房间"，例（19）中的情态补语"乱七八糟"指向的是"家里的墙壁"，例（20）中的情态补语"太简单了"指向的是"出国留学这件事"。

需要说明的是：如果情态补语既表示宾语的情态，又是对谓语动词的描写，那么既可以用"把"字句，也可以用重动句，但是所表达的意义有差别。例如：

（21）他把字写得很工整。

（22）他写字写得很工整。

例（21）的"把"字句中"把"的宾语"字"是已知的、确定的"字"，所以整个句子表达的是一个具体的事件。例（22）的重动句中的"字"是不确定的、泛指的，所以整个句子表达的是"他"的一种属性、常态或能力。

又如：

（23）他把菜烧得很香。

（24）他烧菜烧得很香。

例（23）中的"菜"是确定的某个菜，所以该句表达的是一个具体事件。例

（24）中的"菜"是泛指的，该句表达的是"他"烧菜的能力很强。

　　第六，助词"给"的参与。助词"给"使得整个句子的处置意味或者被动意味更强了，构成了"把+O+给+VP"的结构。"把"字句中的"给"也可以省去，但一旦将"给"放在谓语动词和宾语之间，就一定要用"把"字句。例如：

　　（25）他把这件事给忘了。——他把这件事忘了（他这件事忘了）。

　　（26）他把手机给丢了。——他把手机丢了（他手机丢了）。

　　（27）他把坑给挖浅了。——他把坑挖浅了（他坑挖浅了）。

　　例（25）～（27）中，左侧三句的谓语动词和宾语之间都有"给"，一定要用"把"字句。右侧三句如果省去"给"，可以不用"把"字句。

第二部分 "把"字句与其他句式的关联

14. "把"字句变换成"被"字句的受限条件是什么?

"把"字句变换成其他句式时,会受到自身结构和表达意义两个方面的制约。"把"字句和"被"字句有很多相似的特点,比如:两者都具有"强影响性",并且都可以容纳"弱施事性"成分。①由于这两种句式在语义上具有对应关系,两者之间经常可以互相变换。例如:

(1)杰克把玻璃打碎了。→玻璃被杰克打碎了。

(2)张老师把我批评了一顿。→我被张老师批评了一顿。

(3)阴雨天气把我们留在了家里。→我们被阴雨天气留在了家里。

(4)《泰坦尼克号》中的男主角把她深深迷住了。→她被《泰坦尼克号》中的男主角深深迷住了。

一般来说,"把"字句(S+把+O+VP)的主语"S"多数情况下是施事,"把"的宾语"O"多数情况下是受事,整个句子强调结果;"被"字句(O+被+S+VP)的主语"O"是受事,"被"的宾语"S"是施事,整个句子强调被动。"把"字句中的受动者"O"与"VP"紧密相邻,"被"字句中的受动

---

① 关于"强影响性"和"弱施事性"的论述见张伯江(2001)。所谓"强影响性",是指事件结束后,受事一定经历了明显的状态变化。与"他喝了酒了"相比,"他把酒喝了"和"酒被他喝了"中的受事"酒"具有更加明显的"受到影响"的语义。从施事角度来看,一个强及物性的事件中的施事应该体现出自主性,或称意愿性。缺乏意愿性的,则应该视为"弱施事性"。一个成分是否具有意愿性,与其是否具有生命度是紧密相关的。无生命的成分自然缺乏意愿性[如例(3)中的"阴雨天气"],但有生命度的成分也未必一定具有意愿性[如例(4)中的"《泰坦尼克号》中的男主角"]。

者"O"离"VP"相对远一些。这一现象反映了句法距离对语义距离的临摹，更突出体现了"把"字句语义上对受动者的"直接影响"。张伯江（2001）将"把"字句和"被"字句句式语义上的差异概括为直接受影响和间接受影响、直接使因和间接使因之间的差别。由此可见，这两类句式还是有不少差异的。

正是由于"把"字句和"被"字句之间句法语义的差异性、"把"字句类型的复杂性以及"被"字句自身的语义要求，并不是所有的"把"字句都能自由地变换成"被"字句。"把"字句变换成"被"字句通常要受到以下几个条件的限制：

第一，"被"字句要求主语在介词"被"的宾语的影响下发生某种变化或产生某种结果。这种变化或结果一般情况下应该是已然性的，所以表示未然性结果的"把"字句是不能变换成"被"字句的。例如：

（5）我们明天把这件事情定下来吧。→*这件事情明天被我们定下来吧。

（6）他把桌子一拍就跑了。→*桌子被他一拍就跑了。

（7）你把手机打开！→*手机被你打开！

（8）小张最近在工作上确实表现得很不好，你想把他怎么样？→*小张最近在工作上确实表现得很不好，他被你想怎么样？

例（5）～（8）中的谓语动词所表示的动作都具有处置性并且也会有一定的处置结果，但例（5）中动作的处置结果还未产生；例（6）中，虽然从理论上来看，动作"拍"对"桌子"一定是有影响的，但这个影响是隐性的并且也不会马上产生；例（7）是祈使句，祈使句的动作结果一定是未然的；例（8）只是在意念上有某种想法，还未实施。所以，以上四个"把"字句都表示未然性处置结果，因此都不能变换成"被"字句。

第二，既表未然又表否定的"把"字句，通常是不能变换成"被"字句的。例如：

（9）不把作业做完，就别想出去玩。→*作业不被你做完，就别想出去玩。

（10）我不会把你看成对手的。→*你不会被我看成对手的。

（11）不要把自己的快乐建立在别人的痛苦之上。→*自己的快乐不要被你建立在别人的痛苦之上。

（12）不要把生活搞得一团糟。→*生活不要被你搞得一团糟。

第三，"把"字句中如果有表示支配人体自身部位的动词，或者是表达自身行为的动作时，一般不能变换成"被"字句。

表示支配人体自身部位的动词如"抬（腿）、举（手）、睁（眼）、摇（头）"等等。例如：

（13）小男孩把手背在了后面。→*手被小男孩背在了后面。

（14）他把眼睛慢慢地睁开了。→*眼睛被他慢慢地睁开了。

表达自身行为的动作通常指处置对象是自己。例如：

（15）孩子把自己锁在房间里不出来。→*自己被孩子锁在房间里不出来。

（16）他把自己的一生都献给了祖国。→*自己的一生都被他献给了祖国。

第四，由于"被"字句具有明显的不如意的语义，所以如果要表达积极的、褒义的事件，通常不用"被"字句，否则就与"被"字句的语义倾向互相矛盾。例如：

（17）张老师把小李批评了一通。→小李被张老师批评了一通。

（18）张老师把小李表扬了一番。→? 小李被张老师表扬了一番。[①]

例（17）的"把"字句可以变换成"被"字句，但例（18）中"被"字句的可接受度非常低，就是因为由"把"字句变换而来的"被"字句在语义上必须与"被"字句的整体句式语义协调一致，才更容易被人所接受。

第五，"被"字句的宾语一般要求是谓语动词的直接致使者，如果是间接致使者的话，"把"字句变换成"被"字句就会受到限制。例如：

（19）这些作业快把我愁死了。→我快被这些作业愁死了。

（20）这几天快把我愁死了。→*我快被这几天愁死了。

例（19）中"这些作业"是导致"我愁死"的直接原因，所以可以变换成"被"字句；而例（20）中导致"我愁死"的不是"这几天"，而是"这几天"发生的事，它才是"我愁死"的直接致使者，所以例（20）不可以变换成"被"字句。

---

① 标"? "表示句子并不是完全不合法，只是读起来很别扭。

15. 什么句式与"把"字句关系最密切?

一般说到"把"字句,过去有一种说法认为"把"字的作用在于将动词后的宾语提前,所以"把"字句可以看成是"主—动—宾"句的变式。(朱德熙,1982)例如:

(1)猫把老鼠捉到了。——猫捉到了老鼠。

(2)我把杯子打破了。——我打破了杯子。

但实际上,这种说法是站不住脚的。因为有大量的"把"字句是不能还原成"主—动—宾"句式的。例如:

(3)老师把画挂在了墙上。——*老师挂画在墙上。

(4)小朋友不小心把水洒在桌子上了。——*小朋友不小心洒水在桌子上。

(5)妈妈把洗好的苹果削了皮。——*妈妈削洗好的苹果皮。

(6)我把房间的墙壁都涂成了蓝色。——*我涂房间的墙壁成蓝色。

可见,并非所有的"把"字句都可以还原成"主—动—宾"句式。那么,"把"字句到底跟什么句式的关系最密切呢? 通过观察,我们发现,汉语中有一类无标记被动句[①],这类句子的主语由名词或名词性短语充当,主语同时也是句中动作的承受者,是受事成分;谓语常常由及物动词充当,谓语动词不能是光杆动词。这类无标记被动句表示的是事物被施加影响后所出现的一种结果。至于这种结果是谁造成的并不重要。我们也可以把它们称为受事主语句。例如:

(7)(老师把)教室的电脑关了。——教室的电脑关了。

(8)(丽丽把)精读作业做完了。——精读作业做完了。

(9)(妈妈把)衣服洗干净了。——衣服洗干净了。

---

① 被动句是现代汉语中最重要的句式之一。根据句中是否有表示被动的标记(如"被""叫""给"等),可将被动句分为两个下位类型:一是有标记被动句,二是无标记被动句。

（10）（我把）苹果吃了。——苹果吃了。

（11）（他把）刀砍钝了。——刀砍钝了。

（12）（他把）我搞糊涂了。——我搞糊涂了。

（13）（他把）王小明气哭了。——王小明气哭了。

例（7）~（13）中的左项为"把"字句，右项为受事主语句。绝大多数的"把"字句去掉"把"字以后剩下的部分依然能够成立，这剩下的部分就是受事主语句。"把"字句跟受事主语句的关系最为密切。

这里"受事主语句"的"受事"是广义上的"受事"，凡是表示动作行为的受动者都可以理解成"受事"。比如："刀砍钝了"中的"刀"，细分起来应该是"动作的工具"，但由于这个句子表达了"刀被砍钝了"这一语义，因此，仍把"刀"看成是一种"受事"。

这类受事主语句与"把"字句有两个共同的特点：一是动词不能是光杆动词，二是宾语在意念上必须是有定的。而"主—动—宾"句则不满足这两个条件，其动词有可能是光杆动词，动词后的宾语在意念上通常是无定的。如："我吃苹果了"中的"吃"是个光杆动词，"苹果"则是无定的。

当然，还有少数"把"字句去掉"把"字后，剩下的部分不是受事主语句，而是施事主语句。例如：

（14）监狱把个犯人跑了。——一个犯人跑了。

（15）今天把他累得要命。——他累得要命。

右项两句均为施事主语句。这里的主语"一个犯人"是动作"跑"的发出者，"他"是状态"累"的发出者，所以二者都是施事主语。

16. "他卖了房子"和"他把房子卖了"有什么不同？

我们在对初级阶段留学生的"把"字句教学中，常常会将"把"字句与"主—动—宾"句进行比较，这是因为无论是教材编写者还是教师都普遍认为"主—动—宾"句是留学生最先习得的一种句式，并且认为它与"把"字句表达的语义关系是相同的，所以会设计二者的变换练习。设计变换练习的本意是想让学生更熟练地掌握"把"字句，可是往往会适得其反。学生在日常的学习和交谈中，由于不清楚这两种句式具体的语义差别，因此在面对这两种句式时常常不知如何选择。教师有必要帮助学生区分这两种句式在语义上的不同。例如：

（1）他卖了房子。

（2）玛丽写了作业。

（3）妈妈洗了衣服。

（4）他把房子卖了。

（5）玛丽把作业写了。

（6）妈妈把衣服洗了。

例（1）～（3）是"主—动—宾"句，例（4）～（6）是"把"字句。这两类句式有何不同呢？

从直观上来看，"把"字句与"主—动—宾"句最显著的差别表现在句法结构的排列顺序上。句子形式是由观察者在观察事物时采用的不同方式、凸显事物的不同方面来决定的。在具体的言语表达中，说话人选用的句法结构不同，所表达的意义也会有所不同。不同的句法结构一定赋予了句式不一样的结构语义。

其次，两类句式中的宾语所指不同。在语流中，由于句子信息的安排通常遵循从旧到新的原则，所以"主—动—宾"句中的宾语作为句子的新信息，往往是无定的。如："他卖了房子"中的宾语"房子"、"玛丽写了作业"中的宾语"作业"、"妈妈洗了衣服"中的宾语"衣服"，至少对听话人来说，都是无定信息，听话人并不清楚是哪个"房子"、哪些"作业"或者哪些"衣服"。而在"把"字句中，"把"的宾语往往是有定的，要放在谓语动词之前，而谓语动词及其连带成分要放在句末。我们知道，一个句子的常规焦点信息往往位于句末，所以"把"字句中谓语动词及后面的连带成分作为"把"字句动作的结果、情状或变化状态，成为整个句子凸显的内容，是全句的语义重点或焦点。"把"字句的主要功能之一也就在于把谓语动词及其连带成分标示为焦点，从而强调某个动作行为以及结果情状。"把"字句正是显示句尾焦点的一种常用句式。同时，"把"后的宾语作为次话题,要放在谓语动词的前面。次话题作为旧信息,自然也就是有定成分。如:"他把房子卖了"中,"卖了"成为整个句子凸显的内容;"玛丽把作业写了"中,"写了"成为整个句子凸显的内容,而"把"的宾语"房子"和"作业"都是听说双方心里已经知道的有定信息。

另外,从整体的句式义上来说,虽然"主—动—宾"句和"把"字句都表达出了"处置"义,即主体使客体发生了改变,但"把"字句除了表示"处置"义以外,还表示主体对客体的主观控制,而这一点是"主—动—宾"句所不具有的。例如:

(7)爸爸打扫了院子。

(8)爸爸把院子打扫了。

(9)我修了一下手机。

(10)我把手机修了一下。

例(7)和例(8)都表达出了"爸爸打扫院子,使院子变干净了"之义,但前者的主观性不明显,客观叙述性比较强,侧重说明动作所涉及的客体"院子";后者更突出了主体"爸爸"对客体"院子"的主动控制,主观性更强,侧重于强调施加于"院子"上的动作及其结果或情状。例(9)和例(10)是同样的道理。相比"我修了一下手机"来说,"我把手机修了一下"主观性更强,更突出了"我"对"手机"的主动控制。

此外,一般的"主—动—宾"句和"把"字句相比,"主—动—宾"的动作结果是选择性出现的,而对强调主观处置义的"把"字句来说,处置结果是强制出现的。例如:

(11)小李吃了面包。

(12)小李把面包吃了。

例(11)中"小李"对"面包"实施了"吃"的动作,"面包"受到了"吃"的影响并产生了变化,但"面包"到底是"吃完了"还是只"吃了几口",就不得而知了,所以例(11)中"面包"的量是不定的,可能是全量,也可能是部分量。而如果要表达"面包"被"吃完"的结果,就可以直接用"把"字句来表达,所以例(12)中的"面包"体现的是全量。又如:

（13）玛丽放学后做了作业。

（14）玛丽放学后把作业做了。

（15）姐姐下班后洗了衣服。

（16）姐姐下班后把衣服洗了。

例（13）和例（15）只是表明句子主语对宾语实施了某个动作，至于结果如何并不清楚；而例（14）和例（16）则清楚地表明了句子主语对"把"的宾语施加的影响，即所有的"作业"都已经"做完了"，所有的"衣服"已经都"洗完了"。

在教学中，我们不建议在学生刚刚接触"把"字句的初级阶段就进行句式的变换。"把"字句作为一个重要的语法点和重要的句式，有其独特的语义特点甚至是语用特征，它的存在自然有其独特的价值。教师在教初级阶段的"把"字句时，必须要明确告诉学生该句式具有独特的句式特征和相应的语义特征，而且它和"主—动—宾"句在语义上是有差异的。这两种句式的变换练习，不是为了让学生将这两种句法结构进行随意替换，恰恰相反，是为了让学生更好地理解"把"字句与"主—动—宾"句在语义上的差异。教师需要提醒学生，汉语中虽然有不少"主—动—宾"句可以自由变换成"把"字句，但是这不代表两种句式的语义是完全对等的。可以适当向学生灌输"一种形式一种语义""形式不同则语义不同"的功能主义语言观。另外，还有不少"主—动—宾"句是不能变换成"把"字句的，那些不能变换的例子可以等到学生掌握了一定的"把"字句后再进行讲解。教师可以明确告诉学生：当说话人想凸显某个动作对某个事物所造成的影响时，应该首选"把"字句。

17. "把"字句可以和哪些句式套用？

和"把"字句一起套用的句式主要有两种情况：一种是其他句式中套用"把"字句，一种是"把"字句中套用其他句式。以下分别举例说明。

第一，其他句式中套用"把"字句。

1.兼语句中套用"把"字句。例如：

（1）我叫小李马上派车把老人送回家。

（2）大使让我们坐飞机把药品运回国。

（3）老师命令我把教室打扫干净。

"叫""让""命令"都是兼语动词。例（1）～（3）都是兼语句中包含着"把"字句。

2.连动句中套用"把"字句。例如：

（4）你打开电脑把文件发给我吧。

（5）你开车去把李教授接到这儿来吧。

（6）我坐车去哥哥家把礼物拿回来了。

例（4）～（6）都是连动句中包含着"把"字句。

3.被动句中套用"把"字句。例如：

（7）那头牛被绳子把腿给绊住了。

（8）这个坏人被我把他给抓住了。

（9）没想到今天被奶奶莫名其妙地把我骂了一顿。

例（7）～（9）都是被动句中包含着"把"字句。

第二，"把"字句中套用其他句式。

1."把"字句中套用兼语句。例如：

（10）他把偷来的东西让人都处理掉了。

（11）他们把自行车叫人修好了。

（12）老师把切好的苹果叫学生分下去了。

例（10）～（12）都是"把"字句中包含着兼语句。

2."把"字句中套用连动句。例如：

（13）他把孩子送到北京去读书了。

（14）大家把他送到医院去治疗了。

（15）老师把这个学生叫到办公室来补习汉语了。

例（13）～（15）都是"把"字句中包含着连动句。

3. "把"字句中套用比较句。例如：

（16）她总是把自己打扮得跟公主一样可爱。

（17）他总是把自己的孩子跟别的孩子相比较。

（18）他把尊严看得比生命还要重要。

例（16）～（18）都是"把"字句中包含着比较句。

"把"字句与其他句式的套用是"把"字句比较复杂的语言形式，教学难度也是比较大的。因此，根据"先教简单句型，再教复杂句型；先教高频句型，再教低频句型"的基本教学理念和教学原则，由于这些套用句式平时用得比较少，习得难度比较高，所以在学生习得汉语的初中级阶段可以暂且放一放，不必作为专门的语法点来教授，可以随文释义，等到学生把"把"字句的主要结构和用法都搞清楚以后再进行教学。

18. "把"字句和"将"字句有什么不同？

"将"字句之所以会和"把"字句相提并论，是因为近代汉语的处置式主要包括了"将"字句和"把"字句，这两种形式并用的情况延续了很多年。而且有不少学者认为汉语的处置式来源于连动式结构"将 / 把 + NP$_1$ + V$_2$"[①]中动词"将 / 把"的语法化。祝敏彻（1957）就曾指出，在早期汉语里，"将"字句和"把"字句是长期并存的，早期"将"字句比"把"字句更为常用，"将"字句和"把"字句这样的处置式的产生都是"将"和"把"虚化的结果。王力（1980）也认为"处置式在较早时代，更常见的结构是'将'字式"，"处置式的产生大约在七世纪到八世纪之间。到了中、晚唐以后，'把'字用于处置式的情况更加普遍起来"，处置式中的"将"和"把"都是由原表实际动作的动词虚化而来的。

还有其他一些学者也对"把"字句的语法化过程做过较为细致的论述。有

---

① 在这个连动结构"将/把+NP$_1$+V$_2$"中，"将/把"是第一个动词，"V$_2$"是第二个动词。

研究认为，最早引入受事的介词是"将"。唐朝时期，"将"由动词演化成一个纯粹的介词，这个时期引入受事的典型格式是"将+NP+VP"[①]，而"把"由动词演化为引入受事的介词是在十世纪左右。在此后的文献中，引入受事的任务主要由"把"来承担。（石毓智，2010）唐朝时，"将"字句的使用频率比"把"字句高，到了明清时期，"把"字句的使用频率却比"将"字句高。"将"字句和"把"字句有出现时间的先后之分，在使用过程中又逐渐产生了文白之分。"将"字句自元末明初开始口语色彩逐渐减弱，在近代汉语中受到语体的制约，开始有了庄重、正式的语体色彩，在现代汉语中则主要用于书面语体。正因为"将"字句的文言色彩比较浓，所以在现代汉语口语中，"把"字句更多地代替了"将"字句，"把"字句的具体形式比"将"字句多，使用范围也比"将"字句要广。

由于语体不同，"将"字句和"把"字句在实际使用上存在不少的差别。主要体现在以下三方面：

一、二者在语体内部的分布特点不同

粗略看来，"将"字句和"把"字句的区别主要在于前者多用于书面语体，后者多用于通用语体和口语语体。但是如果对语体进行细致的分类，会发现二者的语体分布环境存在比较大的差异。"把"与"将"的主要区别是简练和非简练、"文气"与非文气的区别。（陶红印，1999）

"将"的文言色彩比较浓重，自然没有在现代汉语口语中发展出相关的句法形式来，其语体语言比较简练、文气，所以"将"字句在科技语体和事务语体中的出现频率比较高；而"把"字句的口语色彩较浓，所以它在文学类语体和社论中的出现频率比较高。另外，在指导操作性语体（比如菜谱及介绍美发、摄影等的说明性文字）中，"将"字句的使用频率比较高；在文学类语体中的叙述性语言中，"将"字句和"把"字句都用得比较多，有时可以交替使用；在人物对白中，"把"字句用得更多。下面我们仅举少数几例做一说明。

---

① 在"将+NP+VP"中，"NP"表示名词性短语成分，"VP"表示动词性短语成分。

（1）站立摄影时，双脚宜微张，或以前后步方式站立，以便<u>将整个身体的重量平放到双脚上</u>。（关于摄影的说明性文字）

（2）在使用时，先<u>将头发洗净擦干</u>，再<u>将整瓶啤酒的八分之一均匀搽在头发上</u>，同时做一些头部按摩使啤酒更容易渗透进头发根部，等待15分钟后用清水洗净，再用木梳或牛角梳梳顺头发即可。（关于美发的说明性文字）

（3）孙国仁把他带进一间诊室，几个穿白大褂的大汉上来<u>把他按坐在一张椅子里</u>，五花大绑一般<u>将各种仪器的吸盘、夹子固定在唐元豹的四肢与躯干上</u>，一台X光机被推上前，瞄准唐元豹。（文学类语体中的叙述性语言）

（4）"翠，<u>把你哥的衣裳拿河里洗了</u>！"（人物对白）

（5）"非<u>把凯萨林拉回来</u>不可！我去找她，我去！"伊太太咬着牙说。（人物对白）

二、"将"字句的客观性更强，"把"字句的主观性更强

沈家煊（2002）认为，"把"字句的宾语是移情的对象。说话人在用"把"字句表达时，主观上认定主语对宾语做了某些处置，所以"把"字句的宾语便成了说话人移情的对象，整个句子的主观性也就增强了。而"将"字句受书面语体的限制，不太受说话人情感的影响，所以客观性更强，尤其是"将"字句多用在指导操作性语体中，而指导操作性语体属于客观表达语体，这一点更说明了"将"字句的客观性。

"把"字句在祈使句中用得较多，"将"字句不经常用在祈使句中，它在陈述句中用得更多。祈使句的主观性本来就比陈述句要强，"把"字句在祈使句中的大量运用进一步证明其主观意味强于"将"字句。例如：

（6）a. 你把钱包拿出来。

　　b.* 你将钱包拿出来。

（7）a. 他把钱包拿了出来。

　　b. 他将钱包拿了出来。

例（6）是主观性祈使句，用"把"不用"将"。例（7）是客观性陈述句，"把""将"都可以用。

我们知道，语言越是具有客观性，其书面性就越强，典雅度也就更高一些；语言越是具有主观性，其口语性也就越强，通俗度就更高一些。所以，我们可以据此得出结论："将"字句的典雅度更高，"把"字句的通俗度更高。

三、二者在句法形式上有较大差异

（一）"将"更倾向于跟文言色彩较浓的词汇搭配，"把"更倾向于跟口语色彩较浓的词汇搭配。例如：

（8）教育部<u>将</u>地理、历史、政治<u>合并为</u>社会学科，<u>将</u>物理、化学、生物<u>合并为</u>自然学科。

（9）国家<u>将</u>高中教育<u>纳入</u>义务教育范围之内。

（10）领导干部切<u>莫</u>将利益<u>置于</u>首位。

（11）这一文化活动极其重要，许多地方<u>将其列入</u>地方的重要议事日程。

（12）麦克老是<u>把</u>"好好学习"挂在嘴上，却从来没有行动。

（13）刚说了两句，爸爸就<u>把</u>我<u>轰</u>出来了。

（14）姐姐<u>把</u>买回来的书<u>一本一本</u>地摆在书架上。

（15）我<u>可</u>不想<u>把</u>他这种人当作朋友。

例（8）～（11）中的"合并为""纳入""莫""置于""其""列入"等都是文言色彩较浓的词语，"将"字句会优先选择与它们搭配；例（12）～（15）中的"老是""轰""一本一本""可"等都是口语色彩较浓的词语，"把"字句会优先选择与这些口语词语搭配。

（二）"把"字句中经常出现几个"把"字句并列使用的情况，或者谓语部分是几个并列结构。这种情况在社论中尤其常见。"将"字句很少并列使用。例如：

（16）这是一件非常美妙的事，<u>把</u>惩罚化为温暖，<u>把</u>伤害变成祥和。

（17）回望过往的奋斗路，眺望前方的奋进路，我们必须<u>把</u>党的历史学习好、总结好，<u>把</u>党的经验传承好、发扬好。

（18）各级领导干部一定要<u>把</u>工作的着力点真正<u>放到</u>研究解决改革发展稳定的重大问题上，<u>放到</u>研究解决群众生产生活中的紧迫问题上，<u>放到</u>研究解决党的建设中的突出问题上。

（三）"把"字句可与其他句型套用，"将"字句与其他句型套用的情况很少。例如：

（19）我叫他马上派车把孩子送回家。

（20）你开车去把李教授接到这里来。

相比较而言，"把"字句的结构更复杂，它的句法形式要比"将"字句的句法形式复杂得多，这与"把"比"将"出现得更晚有关。在与其他句型套用时，"把"字句可以和连动句、兼语句套用，但"将"字句很少与其他句式套用，因为套用后的句子会有些别扭，语体上会显得不协调。例如：

（20′）？你开车去将李教授接到这里来。

（四）有些口语语体中的"把"字句是一定不能用"将"字句来替换的。例如：

（21）a. 他一句话就把大家给逗乐了。

　　　b.* 他一句话就将大家给逗乐了。

（22）a.（快考试了,）看把这孩子愁得！

　　　b.*（快考试了,）看将这孩子愁得！

（23）a. 她临走时把个手机忘在了教室里。

　　　b.* 她临走时将个手机忘在了教室里。

（24）a. 今天把我冻得直打哆嗦。

　　　b.* 今天将我冻得直打哆嗦。

（25）a. 老师把考试的规则一说，我立刻紧张了起来。

　　　b.* 老师将考试的规则一说，我立刻紧张了起来。

例（21）～（25）中的"把……给……""看把……VP 得（的）""把个……VP""把……＋一 V"等句式都是在后来的口语中发展起来的，自然就与"把"的口语化高度契合，这些"把"字句在表达上主观意味比较强，更口语化。口语中用得越多，越能使"把"字句的语义表达更精细化，从而衍生出更多的下位句式，因此"把"字句句式的丰富程度远远高于"将"字句。而介词"将"多用于古语词或成语，如"将功补过、将心比心"等。"把"字句和"将"字句在典型口语语体中的表现是完全不同的，或者可以这样说，"将"字句的使用环境是基本排斥口语语体的。

第三部分 "把"字句中的 "S+把+O+V+L" 句式

19. "S+把+O+V+L"句式可以分为哪几类？

前文中我们根据谓语部分 "VP" 的构成特点，从句法形式上将 "把" 字句具体分为了五种结构类型。在第二类 "S+把+O+V+补语" 中，有一类与空间范畴密切相关的典型句式，就是 "S+把+O+V+L"①。句式中的 "O" 是 "把" 后的宾语，"V+L" 表示动词 "V" 加上补语（如 "在" "到" "进" "回" 等）后再带上宾语 "L"，并且这个宾语 "L" 在语义上是表示处所的。这类句式之所以典型，是因为受句法结构的限制，表达位移或空间位置的改变时只能用 "把" 字句来表达。根据动词 "V" 后所跟的介词或趋向动词的不同，我们可以将 "S+把+O+V+L" 句式分为两类。

我们先来比较一下下面两组例句：

A. 小李不小心把水洒在手机上了。

我要把悲伤深深地埋藏在心里。

他把外套搭在椅背上。

你怎么把车停在路中间？

B. 老板把客人送出了饭店。

他把烟雾吐向天花板。

---

① "V" 后常加介词或者趋向动词，但这些词并不总是需要以显性的形式存在，在某些情况下，它们完全可以脱落，脱落后的语义与原式基本上没有差别。关于这种介词或者趋向动词脱落情况的详细论述见齐沪扬、唐依力（2004）。

老师把学生带回了家。

他把我推进了深渊。

A组例句中,谓语部分都是动介式结构"V在","在"通常看作是静态的介词。A组的句式有"致使原来L中不具有的事物留存于L中"的语义信息(金立鑫,1993),因此可以有如下的变换形式:

把水洒在手机上了 → 水洒在手机上了

把悲伤深深地埋藏在心里→ 悲伤深深地埋藏在心里

把外套搭在椅背上→ 外套搭在椅背上

把车停在路中间→ 车停在路中间

再看B组。B组例句中的谓语部分是"V出、V向、V回、V进"等动趋式结构,"出、向、回、进"等趋向动词都具有位移的语义特征。B组句式体现出来的语义信息应该是"致使某一事物在位移过程中与L发生某种联系",所以B组不可能有下列变换形式:

把客人送出了饭店→ *客人送出了饭店

把烟雾吐向天花板 → *烟雾吐向天花板

把学生带回了家 → *学生带回了家

把我推进了深渊 → *我推进了深渊

从形式语义角度分析,空间位置中的静态位置和动态位置反映了静态义和动态义的不同,而反映静态义和动态义的句式,则可称为"位置句"和"位移句"。(齐沪扬,2014)由于"V"后所跟介词或趋向动词的不同,可以根据空间语义将"S+把+O+V+L"句式分为位置句和位移句两大类。A组是典型的位置句,B组是典型的位移句。

20. "S+把+O+V+L"句式中的"L"能省略吗?

一般来说,当"L"位于"S+把+O+V+L"结构的后半段时,"L"作为动作行为的必有处所元,是一定不能省略的,否则整个结构的语义就是不完整的。例如:

（1）a. 父母出国时把她留在了上海。

　　　b.* 父母出国时把她留在了。

（2）a. 他把母亲的遗体运回了家乡。

　　　b.* 他把母亲的遗体运回了。

（3）a. 大家手忙脚乱地把他抬进了房间。

　　　b*. 大家手忙脚乱地把他抬进了。

可以看出，例（1）～（3）的 b 句都缺少了句尾 "L"，因此都是不能成立的。那么，是不是在表示处所范畴的 "把"字句中，"L" 一定不能省略呢？

一般来说，一个物体在空间中的位置是由物体本身、物体运动的处所、物体运动的方式这三个要素构成的。研究空间位置的表达，必须从这三个构成要素的表达形式入手（齐沪扬，1998）。一个在句法表现和语义表达上都很完整的动态位置的表述，通常是包含位移起点、位移方式和位移终点的。例如：

（4）他把朋友从机场接到了家里。

例（4）中有两个处所成分，分别是位移起点 "机场" 和位移终点 "家里"。位移起点和位移终点的共同参与，再加上位移方式 "接" 这一动作，使得这个位移过程的表述很完整、很清晰。例（1）～（4）的共同特点是，不能缺少句尾处所元 "L" 的参与，否则，句子不仅在语义上不完整，在句法上也是不合格的。

虽然从理论上看，在表达位移动作时，处所是一个必不可少的论元。缺乏处所元的参与，整个位移动作就是不完整的。但是，在实际的言语表达中，当我们对 "把+O+V+L" 结构进行一定程度的变通后，"L" 并不总是必要成分。在表达位移动作时，一旦加入了观察者自身的观察角度，处所元 "L" 在一定条件下是可以省略的。比如，在包含复合趋向动词的非连续结构（如 "扔+出+房间+去"）中，为了满足表达上的经济性需求，在表义明确的前提下，"L" 往往可以省略。省略 "L" 后的语义表达依然是自足的。如：

（5）你把学生带进教室来。→你把学生带进来。

（6）你把这些东西扔出房间去。→你把这些东西扔出去。

（7）你把书拿上楼来。→你把书拿上来。

例（5）～（7）之所以可以省去 "L"，是因为句子在表达动作的移动时加入了说话人自身的观察角度。当以说话人所处位置作为空间参照点时，即使省去"L"，也能够清晰地表达出句子的语义。

当以说话人说话时所处的位置作为参考位置时，句法形式上常常采用"来"或者"去"来表达。有时，空间位移中由于主观参照"来"或"去"的直接参与，不仅趋向动词可以是单音节的，而且"L"也无须出现。如：

（8）今天我把你们请来，是想向大家宣布一件事。

（9）你把这本书拿去吧，我不需要了。

复合趋向动词（如"出来""过去"等）做补语时，更多地采取"L"移位的形式，构成如"从L+把+O+V"结构。例如：

（10）妈妈轻轻地从冰箱里把鸡蛋拿了出来。

（11）我从家里把东西给你寄过去吧。

这些移位的"L"表达的是位移动作的起点，在有上下文语境的情况下，这些位移起点是可以省略的。例如：

（12）a.把球从对面扔过来。→b.把球扔过来。

（13）a.把钱包从水里捞起来。→b.把钱包捞起来。

例（12）a和例（13）a中，"对面"和"水里"分别是句中的显性参照位置，它们是通过处所词来凸显的；b句中的参照位置是隐性的，它们虽然并没有用一个专门的处所词来加以明示，但是通过"过来"和"起来"暗示了说话人在当时场景中所处的位置，所以即使省略位移起点，也足以满足"把"字句宾语"受到处置而产生了某种结果"这一信息量。而且，在有语境依赖的情况下，"L"的省略不仅不会造成语义不明的状况，还使得句子的表达更加简洁凝练，更符合语言的经济原则。因此，在教学中可以结合具体语境，有意识地与学生进行"把"字句中包含"V来""V去"类型的口语练习。

21."S+把+O+V+L"句式中"L"的语义特征是什么？

"S+把+O+V+L"是"把"字句中与空间范畴相关的一种句式，表示"位移"义（包括具体位移和抽象位移）。其中，表处所的 "L" 是一个非常重要的组成部分，也是这类 "把" 字句中动词的必有论元。例如：

（1）他把朋友送到了<u>机场</u>。

（2）妈妈把孩子留在了<u>门外</u>。

（3）学生应该把精力都放在<u>学习上</u>。

（4）他把妈妈的嘱咐都丢在了<u>脑后</u>。

例（1）～（4）中的处所 "L"，有的表示具体的物理空间，如例（1）的 "机场" 和例（2）的 "门外"；有的表示抽象的物理空间，如例（3）的 "学习上" 和例（4）的 "脑后"。之所以能表示抽象的物理空间，是由于 "S+把+O+V+L" 句式使用频率的增加，表处所的 "L" 受表 "位移" 义 "把" 字句本身语义的影响，由具体的物理空间虚化为抽象的社会空间、心理空间等，使得 "L" 的空间意义得以泛化。

该句式中表处所的 "L" 跟方位词的共现能力也各有不同。例如：

（5）他想把儿子送到<u>美国</u>读书。（＊送到美国里）

（6）对手把他摔倒在<u>地</u>。（摔倒在地上）

（7）她把这个孩子带回<u>家里</u>。（带回家）

（8）她把关怀的目光投向<u>他身边的旅客</u>。（＊投向他身边的旅客上）

（9）敌人把他们按坐在<u>凳子上</u>。（＊按坐在凳子）

（10）他把奖牌收藏在<u>两个柜子中</u>。（＊收藏在两个柜子）

（11）他始终把 "祖国" 记在<u>心中</u>。（＊记在心）

（12）他把自己的血汗洒在祖国的<u>航海事业上</u>。（＊洒在祖国的航海事业）

例（5）～（12）中，表处所的 "L" 主要有以下四种情况：

第一，"L" 是典型的处所名词，如例（5）中的 "美国"，这类处所词的后面不能再加方位词。

第二，"L" 是兼表处所的普通名词，它们凭借自身的语义获取了处所角色的地位，如例（6）和例（7）中的 "地""家" 等。这些兼表处所的普通名词其后的方位词可有可无，如例（6）既可说 "摔倒在地"，也可说 "摔倒在地上"；例（17）既可说 "带回家"，也可说 "带回家里"。

第三，"L"本身不表达处所义，但在该结构中，受前面的动词和介词（如"投向"）的影响而临时具有了处所义，如例（8）中的"他身边的旅客"①。

第四，"L"主要是处所化后的名词（短语）。它们常常要加上"上、里"等方位词后才能表处所。处所化以后表达处所义的名词或名词性短语主要有以下两类：一类表达的是具体的物理空间，如例（9）和例（10）句中的"凳子""两个柜子"，在不加方位词的情况下，只能指称具体的事物概念，方位词的加入使其空间概念义得以凸显；还有一类表达的不是具体的物理空间，而是物理空间的抽象表现形式，即通过隐喻化②的形式来表达虚指的心理空间或社会空间，如例（11）和（12）中的"心中"和"祖国的航海事业上"。以例（12）为例，"祖国的航海事业"作为一种领域，属于社会空间范畴，似乎与处所并无关联，但是"把+O+V+L"结构本身赋予了其"处所"义。需要注意的是，这类隐喻用法所在的"把"字句，处所词后通常要加上方位词"上、中、里"等才能成立，方位词的使用起到了凸显空间维度的作用。

在这类"S+把+O+V+L""把"字句中，"L"表达的空间语义主要有以下四类：

第一，"L"是"把"后宾语"O"存现的处所。例如：

（13）她的父母出国后把她留在了<u>北京</u>。

（14）他慢慢地把手搭在<u>我肩上</u>。

（15）她把纸条藏到<u>手提包里</u>。

（16）女朋友跟他分手之后，他把痛苦埋在了<u>心底</u>。

例（13）～（16）分别表示"她"在"北京"、"手"在"肩上"、"纸条"在"手提包里"、"痛苦"在"心底"。在这类"把"字句中，动词"V"通常跟介词"在、到"构成"V在""V到"等。

---

① 之所以认为"他身边的旅客"在例（8）中具有了处所义，可以表方向，是因为该句增加表示方向的词语后可以变换成"把关怀的目光投向他身边的旅客这边"。可以将此句跟"他把饭盒递给了他身边的旅客"一句对比一下，后句中"他身边的旅客"表示动作的对象。

② Lakoff & Johnson（1980）将隐喻看作一种重要的认知方式。他们认为，一个命题结构从一个认知域映射到另一个认知域里相应的结构上，这就是隐喻映射模式。如"岁月就是一把杀猪刀"，人们用对"杀猪刀"的认识来理解"岁月"。人类的思维过程跟隐喻是密不可分的，隐喻在我们的日常生活中无处不在。

第二，"L"是"把"后宾语"O"位移的方向。例如：

（17）这种精神上的痛苦最终把老张推向死亡。

（18）暑假期间，领导把他派往南方参观学习。

（19）你不要把孩子推到绝路上去。

例（17）～（19）中，"老张""他""孩子"位移的方向分别是"死亡""南方"和"绝路上"。这类"把"字句中，动词"V"通常跟介词"向、往、到"构成"V向""V往""V到"等。

第三，"L"是"把"后宾语"O"位移的终点。例如：

（20）晚饭后，妈妈把孩子抱上了床。

（21）公司总经理派飞机把他接到了北京。

（22）他把母亲的遗体运回了祖国。

（23）大家手忙脚乱地把小林抬进了宿舍。

例（20）～（23）中，"孩子"位移的终点是"床"，"他"位移的终点是"北京"，"母亲的遗体"位移的终点是"祖国"，"小林"位移的终点是"宿舍"。在这类"把"字句中，动词"V"通常跟趋向动词"上、到、回、进、入"构成"V上""V到""V回""V进""V入"等。

第四，"L"是"把"后宾语"O"位移的起点。例如：

（24）父母生气了，把孩子赶出了家门。

（25）朋友一把把他拽下了车。

（26）环卫阿姨把一堆垃圾捞出了水面。

例（24）～（26）分别表示"从家门把孩子赶出来了""从车上把他拽下来了""从水面上把一堆垃圾捞出来了"，所以"家门""车""水面"分别是"孩子""他""一堆垃圾"位移的起点。这类"把"字句中，动词"V"通常跟趋向动词"出、下"构成"V出""V下"等。

概括起来说，"S+把+O+V+L"句式中的"L"可以表示"把"后宾语"O"存现的处所、位移的方向、位移的终点和位移的起点，而且"L"既可以是具体空间，如"北京""手提包里"等，也可以是抽象空间，如"心底""死亡"等。

22. "S+把+O+V+L"句式中"L"对语体有何影响?

前面我们刚刚讨论了"S+把+O+V+L"句式中"L"有四个不同的语义特征,可以表示宾语"O"存现的处所、位移的方向、位移的终点和位移的起点。表空间语义的"L"在"S+把+O+V+L"句式中起着至关重要的作用。"L"的不同语义特征、不同句法位置以及动词后的介词或趋向动词的不同表现,都会对语体产生一定的影响。

首先,"L"的语义特征会影响句子的语体。

第一,当"L"表示"把"后宾语"O"存现的处所时,"V+L"结构与汉语中的动趋式结构形式相符,语义一致。例如:

(1)她出门时把孩子留在家里了。

(2)她把小丝巾绑到了包上。

例(1)和例(2)中的"V+L"结构分别是"留在家里"和"绑到包上"。

第二,当"L"表示"把"后宾语"O"的方向或终点时,"V+L"结构与汉语中的动趋式结构形式相符,语义也一致。例如:

(3)他把车子开到了小区外面。

(4)爸爸把孩子抱上了校车。

例(3)和例(4)中的"V+L"结构分别是"开到小区外面"和"抱上校车"。

第三,当"L"表示的是"把"后宾语"O"的起点时,"V+L"结构与动趋式结构在语义上是相冲突的。例如:

(5)朋友一把把他拽下了车。

(6)环卫阿姨把一堆垃圾捞出了水面。

例(5)和例(6)中的"V+L"结构分别是"拽下车"和"捞出水面","L"表示的是动作的起点,而通常现代汉语的动趋式结构末尾"L"的语义以表达终点义为常规格式,所以两者在语义上是冲突的。

因此，与 "L" 表示 "把" 后宾语 "O" 存现的处所、方向、终点时情况不同，当 "L" 放在 "把" 字句末尾表示位移起点时，相对来说，书面语的色彩更浓一些，如例（5）和例（6）。因为在口语表达中，我们更习惯采用 "朋友一把把他从车上拽了下来" "环卫阿姨把一堆垃圾从水面上捞了出来" 等这类口语化格式。这类口语化格式通常是由介词 "从" 等介引，将位移起点放在了动词前，构成了 "S＋把＋O＋介词＋L＋V＋趋向动词" 结构，如 "把他从车上拽了下来" "把垃圾从水面捞了出来" 等。

其次，表示位移方向的 "L" 放在动词前或动词后也会导致语体上的差异。例如：

（7）他把那叠文件扔向小张的桌上。

（8）他把书包抛向空中。

（9）他把那叠文件朝小张的桌上扔过去。

（10）他把书包朝空中抛过去。

相比较而言，前两句的书面语体更重一些，后两句的口语体更重一些。之所以会有这种感觉，是因为例（7）和例（8）的语序更符合书面语常见语序。如果像例（9）和例（10）那样将位移方向前移至动词前构成 "S＋把＋O＋介词＋L＋V"，表达就随意了很多，口语语体特征就明显增强了。此外，例（7）和例（8）句中的动词和介词构成了 "扔向" "抛向" 这样的双音节结构，也增强了句子的书面语体特征。

另外，动词后的介词或趋向动词的不同表现也会对语体产生一定影响。

当 "L" 表示位移终点时，句中的动词和趋向动词构成双音节的 "退回" "送上" "扔进" 等，后面再加上处所宾语 "L" 以后，句子的书面语体特征也会比较明显。例如：

（11）她把喝完的酸奶瓶退回了小卖部。

（12）张先生亲手把自己的儿子送上了法庭。

（13）老李失望地把那封信扔进了垃圾桶。

但如果将例（11）～（13）中动词后的趋向补语变换成 "给" 或者 "到" 这一类比较高频的介词，句子会更加口语化一些。例如：

（14）她把喝完的酸奶退给小卖部了。

（15）张先生亲手把自己的儿子送到了法庭上。

（16）老李失望地把那封信扔到了垃圾桶里。

同样，"L"表示位移方向时，如果动词后面是介词"到"，口语色彩就会更浓重一些。例如：

（17）a. 暑假期间，领导把他派到南方参观学习。

　　　b. 暑假期间，领导把他派往南方参观学习。

（18）a. 他把书包抛到空中。

　　　b. 他把书包抛向空中。

通过比较，很容易看出例（17）和（18）的a句都比b句的表达要更口语化一些。因此，在教授"S+把+O+V+L"句式时，语体也是一个重要的考量因素。"L"的不同语义特征、不同句法位置、"V"后介词或趋向动词的不同表现等等，都对该句式的语体特征产生一定的影响。初中级阶段的学生在习得"把"字句时，应该尽量以口语体为主，等到了高级阶段，再进行书面语体的学习。

23. 音节对"S+把+O+V+L"中"V"后成分的脱落有何影响？

"音节的长短对句子的结构也会产生极大的影响。音节的长短与语言的节律有密切的关系，而语言节律的客观依据的一个重要方面，就是安排节奏时的某些选择限制。"（转引自齐沪扬，2014）在"S+把+O+V+L"句式中，动词"V"后常常跟"到、在、上、进"等成分构成"V到、V在、V上、V进"等。但是，"把"字句式中各组成成分的音节特征会对"V"后成分"到、在、上、进"等的脱落产生影响。总的来说，"V"后成分的脱落要受到以下几个因素的影响。

一、受动词"V"的音节影响

（1）我们要把知识的种子撒遍全国。

（2）这孩子把小脸<u>贴近</u>玻璃。

（3）警察把他<u>按坐</u>地上。

（4）大伙儿把那个小偷儿<u>扭送</u>公安局了。

（5）你要把今天发生的每一个场景都<u>铭记</u>脑海。

（6）听说警察已经把那个犯人<u>绑赴</u>刑场了。

（7）赶紧让人把他<u>带离</u>现场！

例（1）～（7）中的双音节动词可以分为以下两类：

一类是动补式结构，即由单音节动词带上补语构成，如"撒遍、贴近"等。这一类双音节动词与表处所的名词结合紧密，动词后无须再带其他成分。也有少数单音节动词后带"倒"的动补式结构（如"按倒、推倒"等），动词后的"在"是不能脱落的。例如：

（8）他把小偷儿<u>按倒</u>在地上。（＊他把小偷儿按倒地上。）

（9）她不小心把妈妈<u>推倒</u>在沙发上。（＊她不小心把妈妈推倒沙发上。）

另一类是偏正式结构，如"按坐、扭送、铭记、绑赴、带离"等。这里的偏正式双音节动词又可分为两种：

一种是动词后的"在、到"脱落后可以重新找回。例如：

（3）警察把他<u>按坐</u>地上。（警察把他按坐在地上。）

（4）大伙儿把那个小偷儿<u>扭送</u>公安局了。（大伙儿把那个小偷儿扭送到公安局了。）

（5）你要把今天发生的每一个场景都<u>铭记</u>脑海。（你要把今天发生的每一个场景都铭记在脑海。）

另一种是动词后的成分无须添补，因为动词本身已经体现出了极强的方向性，它们与处所名词的结合是很紧密的。如例（6）和例（7）中的"绑赴刑场、带离现场"等。

二、受 "L" 和 "O" 的音节影响

表处所的 "L" 音节的长短对动词后成分的脱落有影响。如果 "L" 是由比较长的音节组成的，动词后的成分一般不容易脱落，即使这些成分由"在"或者

"到"组成。试分别比较下列两组句子：

（10）妈妈把花插在<u>客厅桌子上的</u>花瓶里。

　　　a.？妈妈把花插客厅桌子上的花瓶里。

　　　b.妈妈把花插花瓶里。

（11）他把手放进<u>爸爸温暖的</u>大衣里。

　　　a.？他把手放爸爸温暖的大衣里。

　　　b.他把手放大衣里。

两组中a句里的"在""进"脱落后句子读起来非常别扭，主要是因为"L"的音节比较长，"在"和"进"脱落后打破了句子的节奏。如果"L"的音节很短，"在""进"的脱落就很自由，如两个b句。

再来看"O"。如果"把"的宾语"O"由一个单音节或双音节名词充当的话，动词后的成分很容易脱落［如例（12）（13）的a句］；"O"如果由相对简单的名词性短语充当的话，也就是说这个名词性短语的音节比较短的时候，动词后的成分也经常脱落［如例（12）（13）的b句］；当"S＋把＋O＋V＋L"句式中的"O"前有长音节的定语时，动词后的成分则不容易脱落［如例（12）（13）的c句］。

（12）工作人员把<u>一篮篮菜筐似的</u>大簇花卉抬到舞台上了。

　　　a.工作人员把花卉抬舞台上了。

　　　b.工作人员把大簇花卉抬舞台上了。

　　　c.？工作人员把一篮篮菜筐似的大簇花卉抬舞台上了。

（13）客人们把<u>一个个盛满红葡萄酒的</u>瓶子握在手里。

　　　a.客人们把瓶子握手里。

　　　b.客人们把红葡萄酒瓶子握手里。

　　　c.？客人们把一个个<u>盛满红葡萄酒的</u>瓶子握手里。

三、受动词"V"前状语的音节影响

动词"V"前状语的音节长短对动词后成分是否脱落也有直接的影响。如果动词前的状语是单音节词，动词后的成分是很容易脱落的。例如：

（14）他把香蕉<u>直</u>塞到嗓子眼儿。（他把香蕉直塞嗓子眼儿。）

（15）他把钱<u>硬</u>塞进我手里。（他把钱硬塞我手里。）

例（14）（15）中的动词"塞"前的状语是单音节词"直"和"硬"，所以"到"和"进"很容易脱落。

如果动词前的状语音节比较长，动词后的成分则不容易脱落，或者脱落后比较别扭。例如：

（16）她把腿<u>笨重地</u>搭在练功杆上。（？她把腿笨重地搭练功杆上。）

（17）这孩子把碗里的那些肥肉<u>又一片片地</u>夹到旁边的碟子里。（＊这孩子把碗里的那些肥肉又一片片地夹旁边的碟子里。）

当然，有时候"S+把+O+V+L"句式中动词后成分的脱落同时受到句式中各部分的音节长度的影响，并非只是某一个部分在起作用。但无论动词后成分的脱落情况如何，我们至少要清楚，句式中各部分的音节长度对动词后成分的脱落是有影响的。这是因为"S+把+O+V+L"句式本身就是一个在口语中高频使用的句式，口语语境要求言语的表达要简洁凝练，音节太长不适合口语交际，这促成了动词后成分的脱落。

"语言表达通常受两股势力的左右。一方面语言表达者总想表达得全面而精确，那就是尽量追求形式和意义之间的象似性；另一方面，表达者又总想省力，也就是尽量追求效率和经济性。因此从语言表达看，标记模式[①]是最佳的解决方案。常见的无标记项在形式上简化或弱化，这样就兼顾了语言的象似原则和经济原则。"（齐沪扬，2014）"S+把+O+V+L"句式中动词后成分（如"在""到""进""上"等）脱落这一现象就极好地体现了标记模式的原理。

---

① 此处所说的"标记模式"其实是一种新的"标记模式"，是一种"相对和关联模式"。它的形成既有语用上的动因，又有认知上的动因。关于"标记模式"的具体论述，参见沈家煊（1999）。

第四部分　陈述性"把"字句和祈使性"把"字句

24. 从表达功能上可以将"把"字句分为哪两类?

汉语"把"字句无论是在句法和语义的静态研究上,还是在语用语篇的动态研究上,都取得了丰硕的成果,我们对于"把"字句的使用规则也有了更清晰的认知。然而,我们发现,前人在研究分析"把"字句中"把"的宾语、动词及连带成分的语义限制时,更关注的是作为"语言"的"把"字句而非作为"言语"①的"把"字句,似乎很少将"把"字句放在言语交际中去考察。语言的真实存在状态是话语,语言是对话语的抽象。话语是现实的,存在于每一个语言交际行为中。(李宇明,2019)这一观点启发了我们,汉语的"把"字句研究同样应该注重区分"语言"和"言语"这两个层面。应该将"把"字句的研究放置于真实的交互语境中,充分考虑真实语境对"把"字句结构形式的塑造,而不是将其定义为一种抽象且先有既定规则的句法系统。事实上,由于语用环境的不同,"把"字句在句法语义上的限制也会有所不同。例如:

(1)他把衣服脱了。

(2)*他把衣服穿了。

已有研究成果认为,进入"把+O+V+了"结构的动词必须具有"使脱离"

---

① 索绪尔(1980)对"语言"和"言语"这两个概念做了比较明确的区分,比如"语言"是抽象的、稳定的,"言语"是具体的、变化的;"语言"是社会性的,"言语"是个性化的;"言语"是第一性的,"语言"是第二性的,"语言"来源于"言语"等等。

义。若按这一结论，静态层面的"把衣服脱了"可以说，而"把衣服穿了"则不可以说。可是，如果结合语境的话，"把衣服穿了"未必不能说。例如：

（3）他（已经）把衣服穿了。（你别再说他了。）

这启发我们进一步思考，如果将"把+O+V+了"结构放在不同的句类环境中，也许会有不一样的表现。例如：

（4）你把衣服脱了！

（5）你把衣服穿了！

以上两句都能成立。可见，句类环境不同，"把"字句的入句条件也就不同。英国的奥斯汀把句子分为"有所述之言"和"有所为之言"，这是从语言角度区分的。现代汉语中的句子，根据不同的交际功能或者语用类型，通常分为陈述句、疑问句、祈使句和感叹句四大句类，但这四类并非严格的语用类别。因为疑问句也可以表感叹，陈述句也可以表祈使等等。（张斌，1998）比如"你能把窗户打开吗？"在形式上是疑问，但语义上却是祈使；再如"这件事他做得不错"，在形式上是陈述，但也不能说它没有感叹语义。也就是说，这四类句子的交际功能是互有交叉而非截然分立的。相对而言，陈述和祈使之间的功能分野是明显的，前者的目的主要是叙事，后者的目的是施为。（邵洪亮、何晓璐，2021）二者的功能分野在"把"字句中尤其明显，我们可以用语言学上的最小对比或最简结构[①]来进行比较。例如：

（6）*他把衣服洗干净。

（7）你把衣服洗干净！

（8）*他把垃圾扔出去。

（9）你把垃圾扔出去！

为什么例（6）和例（8）这两个陈述性"把"字句都不合语法，而例（7）和例（9）这两个祈使性"把"字句却可以成立呢？这与"把"字句的意义以及

---

① 语言学研究中的最简结构最"干净"，没有其他成分的干扰，最容易观察到"起作用的因素"，因此也最容易抽象出观察对象的本质特征。科学研究总是从最简单的对象开始，待最简结构研究清楚后再逐步引进其他因素，考察其他对结构起作用的因素或条件。非最简结构描写由于很难把握其他结构成分是否在提取该结构的某些概念或范畴时起到了作用，因此也很容易将其他成分赋予的意义或结构整体赋予的意义归结到某一特定成分上。详见金立鑫、杜家俊（2014）。

陈述句、祈使句的句类特点有关系。

我们知道，"把"字句通常表示的是某人、某事作用于某对象，控制并致使该对象发生一定的结果变化，这种结果变化通常是已然事件，表示处置的完成。而汉语中陈述句的功能是向听话人报告一件事情或者叙述一个事实。例（6）和例（8）这两个陈述句之所以不成立，是因为句子中缺少时体标记，所以整个句子不具有事件性，或者说很难成为一个事实。如果加上完成体标记"了"或者补语标记"得"，整个句子就变成了具有时间性的客观叙述的陈述句，就可以成立了。例如：

（10）他把衣服洗干净了。

（11）他把垃圾扔出去了。

（12）他把衣服洗得很干净。

例（10）和例（11）由于"了"的加入，例（12）由于表评价的情态补语"很干净"的加入，原本时间界限不清晰的动作都变成了已然动作。

汉语中的祈使句是根据句子的语用功能划分出来的句类，它的功能是向听话人发出某一项指令或者请求听话人做某事，动词表达的都是未然动作，所以不用加完成体标记"了"。例如上文的例（7）和例（9）：

（7）你把衣服洗干净！

（9）你把垃圾扔出去！

此处的"洗"和"扔"都是尚未发生的动作。这符合祈使句对于动作的时体要求。

我们再来看以下五句：

（13）你把房间打扫一下！

（14）让他把房间打扫一下！

（15）我把房间打扫一下。

（16）我把房间打扫了一下。

（17）*他把房间打扫一下。

例（13）～（16）都可以说。前两句都是祈使句，"打扫"是未然动作。例（15）虽然不是祈使句，但表达的是"我"的打算或计划，所以此句的"打扫"

也是未然动作。这三句中的动词"打扫"都不需要加完成体标记"了"。例（16）表达的是已经发生的客观事实，是陈述句，此处的"打扫"是已然动作，所以要加完成体记"了"。例（17）之所以不能成立，是因为此句本意上是对已经发生的客观事件的描述，但由于缺少表示完成体的标记，所以该句没有能够体现事件完成的表达。如果要体现事件的完成，需要添加完成体标记"了"或者情态补语等。例如：

（18）他把房间打扫了一下。

（19）他把房间打扫得很干净。

　　在分析"把"字句时，我们通常关注得比较多的是"把"字句本身，包括"把"的宾语、动词及其连带成分、"把"的句式义等等，但却忽略了"把"字句在陈述句和祈使句中的不同表现。在"把"字句中，陈述性"把"字句和祈使性"把"字句占据了绝大多数，所以我们基本上可以从表达功能的角度将"把"字句分为陈述性"把"字句和祈使性"把"字句两类。

　　这两类"把"字句除了在表达意图上有所区别外，在句子的主语类别上也有很大的不同。陈述性"把"字句的主语通常是第一人称和第三人称，它们可能是句子主语，也可能是言者主语①；祈使性"把"字句的主语全部是第二人称，其"主语施事要做的事情正是说话人想要他做的事，或者是说话人自己也想做的事，因此祈使句表现出说话人和主语施事之间的某种'认同'，祈使句的主语也常叫作'言者主语'"（沈家煊，2002）。而含有言者主语的句子主观性更强，所以祈使性"把"字句比陈述性"把"字句具有更强的主观性。

　　语言结构与互动交流是互相影响的。以往很多对"把"字句句法语义限制的研究，是从语言的角度来考虑的，而不是从言语的层面来分析的。一旦将某个具体的"把"字句放在言语交际的角度来分析，原先的那些句法语义上的限制就有可能被语境所解放，言语交际中的"把"字句就会呈现出"不一样"的面貌。

---

① "言者主语"是在语言的主观性研究过程中提出的一个概念。也就是说，一个语句除了其表达的命题意义，还可能包含说话者以各种方式表达的、对句子命题意义的主观认识或态度。如果这种主观认识和态度的表达者没有在句子中以句子主语的形式出现，那么它就成了句外的所谓"言者主语"。从这一意义上说，"言者主语"是相对于句子主语或者语法主语而存在的一个概念。（参看李湘，2007）

之所以要区分陈述性"把"字句和祈使性"把"字句，是因为这两类"把"字句中的名词、动词、补语成分等在句法表现上有很大的不同，语义特征也有很大的不同。两类"把"字句的功能分野是比较明显的。相应地，它们在"把"的宾语的有定性上、补语的句法形式上、不可控动作及结果上、补语的类型上以及"把"字句的下位句式上都有比较大的区别。接下来我们将分别予以区分。

25. 陈述性"把"字句和祈使性"把"字句 在宾语的有定性上有什么不同表现？

首先来看看这两类"把"字句在宾语的有定性上的不同表现。

前文我们也提到过，"把"的宾语通常是有定的，但并非全部都是有定的，也有一些无定的名词性成分可以进入"把"字句中（陶红印、张伯江，2000），例如"把个""把一个""把一件""把一篇"等无定结构。其中，以"把个"和"把一个"为最多。宾语有定性这一特征在两类"把"字句中的分布是很不均衡的。在陈述性"把"字句中，"把"的宾语多数是有定的，但也可以是无定的。例如：

（1）学校明天不上课，我已经把这个消息告诉大家了。

（2）来上海没几天，他就已经把从家里带来的钱全花光了。

（3）你把事情想得太简单了。

（4）昨天出去逛街的时候，他把个钱包忘在了餐厅里。

（5）刚才我出小区的时候把一个孩子碰倒了。

例（1）～（5）这五个陈述性"把"字句中，例（1）和例（2）的宾语不论是形式还是语义都是典型的有定宾语；例（3）的宾语虽然没有有定性的标记，但是，根据上下文、语境及参与者的共享知识，当说话人使用第二人称做主语的陈述性"把"字句时，听话人一定知道宾语所指的是什么，所以宾语有定标记的缺省并不妨碍交际互动的完成；而例（4）和例（5）的宾语在形式上是无定的，在语义上也是无定的。因为在陈述性"把"字句中，听话人关注的是整个事件的发展，这两个句子表达的都是一种"出乎意料"的"突发"事件，而宾语的具体所指相对来说并不是听话人的关注重点，他不需要知道具体是哪个"钱包"或者哪个"孩子"，他更关注的信息是句尾的"忘在了餐厅里"和"撞倒了"。我们可以以提问的方式来验证一下这个观点：

（4）a：昨天出去逛街的时候，他把<u>个钱包</u>忘在了餐厅里。

　　　b：啊？那后来找到了吗？

　　　b：*啊？哪个钱包？／什么钱包？

（5）a：刚才我出小区的时候把<u>一个孩子</u>碰倒了。

　　　b：（孩子）没事吧？／不严重吧？

　　　b：*哪个孩子啊？／是谁啊？

　　而在祈使性"把"字句中，"把"的宾语通常是有定的，不能是无定的。祈使性"把"字句的强互动性尤其不允许形式无定的宾语成分进入。例如：

（6）你把<u>杯子里的酒</u>喝了！

（7）你把<u>酒</u>喝了！

（8）你把<u>孩子</u>送回去！

（9）*你把<u>一杯酒</u>喝了！

（10）*你把<u>（一）个孩子</u>送回去！

　　例（6）的宾语有修饰性成分"杯子里的"，有很强的有定性；例（7）和例（8）的宾语虽然只是一个光杆名词"酒"和"孩子"，但在语境的支撑下，听话人完全能够明白说话人的具体所指。例（9）和例（10）不能成立，是因为这两句中的宾语无论在形式上还是语义上都是无定的，即便有语境支撑，听话人也无法理解说话人的具体所指。因为祈使句的功能是要求某人做某事，需要说话人发出明确的指令，而这类无定宾语［如"（一）个 N"］之类，与祈使句的句类特征和交际功能是相矛盾的，听话人一方无法从说话人这一方获取明确的指令信息，自然无法满足祈使句互动交际的需要。因此，祈使性"把"字句排斥该类无定宾语。

　　不过，祈使性"把"字句并非严格排斥所有形式上无定的宾语，如果句子采取必要的句法弥补手段，那么无定宾语也可以进入祈使性"把"字句。例如：

（11）a.*把几本书看（一）看吧!

　　　 b.把几本书全看（一）看吧!

（12）a.*把三首歌听（一）听吧!

　　　 b.把三首歌都听（一）听吧!

这里必要的句法弥补手段指的是句子中添加了表示统括的范围副词"都""全"等。"都""全"的概括统指使"把"的宾语的指称特征发生了改变，由原来显性的不定指转变成了隐性的定指了。既然是所指对象的全部，那么其所指的范围、对象在双方心目中自然是已经确定的了。除了增加表示统括的范围副词以外，还可以添加指示代词"这""那"或者其他修饰性成分，这些手段都能使宾语的指称整体化，并增强宾语的有定性。例如：

（13）你把那三本书（都）看（一）看!

（14）你把老师给的三本书（全）看（一）看!

26. 陈述性"把"字句和祈使性"把"字句在不可控动作及其结果上有什么不同表现?

一般来说，说话人的指令越明确，动作越具体，就越容易构成祈使句。并不是所有的动词都能构成祈使句，比如表示不可控动作的动词通常不能构成祈使句。表示主体无意识行为的"把"字句常常表达"出人意料"的语义，动作及结果常常是不可控的。例如：

（1）这孩子把妈妈吵醒了。

（2）我把手机落在车上了。

例（1）和例（2）都表示听说双方不想看到的结果，体现了一种负面情感。这类表示不可控的动作及结果的动词在用于陈述性"把"字句时是比较自由的，因为说话人只需要告知这一信息即可，他不一定需要听话人做出言语或行动上的反馈。

表达负面情感的无意识行为的"把"字句如果用作祈使句，只能用否定式，不能用肯定式。用在否定式中，常常表示规劝。任何一个进入祈使句的语言单位都要受到祈使句的语用约束。（张谊生，1997）祈使句最重要的语用约束，就是说话人能够迅速发出指令，听话人能够迅速接收指令并予以行动上的反馈，否则该祈使句就不能起到应有的互动交际作用。在否定性的祈使性"把"字句中，由于动作引发的多是消极结果，或者"把"的宾语多是动作行为的受损者，只有采用否定形式，劝告听话人不要做某事，才能提高指令的接受度，从而完成互动任务。例如：

（3）a. 你别把妈妈吵醒了！

　　　b.* 你把妈妈吵醒！

（4）a. 你别把我的手机落在车上了！

　　　b.* 你把我的手机落在车上！

表达主体无意识行为的"把"字句除了表达负面情感的"出人意料"之外，也可以从中性和褒义情感的角度来表达"出人意料"。表达中性和褒义情感的不可控动词及结果有时似乎也可以用在肯定式祈使性"把"字句中。例如：

（5）a. 爸爸把身体养好了。

　　　b. 你赶紧把身体养好！

（6）a. 她把孩子生下来了。

　　　b. 把孩子生下来！

但仔细分析，例（5）和例（6）b句中的动词所表示的动作并非是完全不可控的。只要"你"愿意配合，"身体"是可以"养好的"；同样，是否把"孩子生下来"，也完全可以由"你"做主。所以，两个b句之所以能够成立，还是因为这两个动作是可控的，所以能用在肯定式祈使性"把"字句中。还有一些动词表示的动作是完全不可控的，即便结果包含中性和褒义的情感，这类动词也不能用于肯定式祈使句。因为不可控的动作是无法达成双方互动的交际任务的。例如：

（7）a. 我把妹妹逗笑了。

　　　b.* 把妹妹逗笑！

（8）a. 他把我感动了。

　　b.* 把我感动！

　　总而言之，祈使性"把"字句的表达目的是获得对方的反馈，所以跟不可控的动作是相矛盾的；相比较而言，陈述性"把"字句在动词的使用上更具包容性。

27. 陈述性"把"字句和祈使性"把"字句在补语的类型上有什么不同表现？

　　沈家煊（2002）认为，当补语分别是性质形容词和状态形容词时，用在"把"字句中会有差别。例如：

　　（1）a. 把嘴张得大大的

　　　　　b. 把嘴张大

　　（2）a. 把孩子抱得紧紧的

　　　　　b. 把孩子抱紧

　　例（1）和例（2）的 a 结构中谓语动词的补语"大大的""紧紧的"可算作状态形容词，b 句中的补语"大""紧"都是性质形容词并且与谓语动词构成黏着形式"张大""抱紧"。在构成"把"字句时，两个 a 结构通常用在陈述性"把"字句中；两个 b 结构通常用在祈使性"把"字句中。

　　事实上，在例（1）和例（2）两组结构的分析中，补语中的性质形容词和状态形容词只是表象，问题的关键是补语的类型。在补语的类型上，两类"把"字句的使用是有区别的。陈述性"把"字句可以允准各种类型的补语进入，比如结果补语、趋向补语、动量补语、情态补语、程度补语以及介词短语构成的补语等；而这些补语进入祈使性"把"字句的条件要稍微严格一些，情态补语和程度补语是不能进入祈使性"把"字句的。例如：

　　（3）a. 他把作业写完了。

　　　　　b. 把作业写完！（结果补语）

　　（4）a. 他把这个东西扔出去了。

　　　　　b. 把这个东西扔出去！（趋向补语）

（5）a. 他把单词背了两遍。

　　b. 把单词背两遍！（动量补语）

（6）a. 他把精力用在了学习上。

　　b. 把精力用在学习上！（介词短语构成的补语）

（7）a. 今天的天气把他热得要命。

　　b.* 把他热得要命！（程度补语）

（8）a. 他把手机声音开得很大。

　　b.* 把手机声音开得很大！（情态补语）

状态形容词做补语时，通常放在陈述性"把"字句中。但它们也可用在祈使性"把"字句中，只要加上助动词"要"。例如：

（9）你要把衣服洗得干干净净的！

（10）你要把字写得整整齐齐的！

"要"表示的意愿或希望是一种"非现实"情态。如果"非现实"的事态是自主的动态行为的话，"要"字一般表示主语或说话人的意愿或希望。（古川裕，2006）例（9）和例（10）中的"要"借助祈使句的句类表达，指向的是说话人的意愿而不是主语的意愿，表达的也是说话人指向的道义情态。所以加上助动词"要"以后，例（9）和例（10）的命令意味更强，再加上情态补语的描写性作用，给人的感觉是说话人对对方提出了更高的、更严格的要求。我们可以比较一下祈使性"把"字句中结果补语和情态补语在言语交际中体现出来的语力的区别：

（11）你要把自己照顾好！

（12）你要把自己照顾得好好的！

"语力"是奥斯汀（Austin）提出的概念，是言语行为理论的核心部分。"语力"是指由言语行为体现的说话者的交际意图，是话语在真实语境中发挥的特殊功能。它实际上就是说话者通过言语行为传达交际目的，并希望听话者理解其交际意图而执行相关活动。"简单地讲，就是当说话者们说出陈述句、疑问句、祈使句等句型的句子时，是在分别履行告知、询问、命令等社会行为。"（陈振宇，2021）"要"表达的是一种说话人指向的道义情态，而情态补语"好好的"（在语音上也是重读的）强化了说话人的交际意图，自然也就强化了例（12）这一句的整体语力。所以例（12）与例（11）相比，更能凸显说话人的互动需求，是一种强语力的表达。

28. 陈述性"把"字句和祈使性"把"字句在下位句式上有什么不同表现？

"把"字句由于动词前后所带的成分不同，因此有很多不同的下位句式，例如："S＋把＋O＋V—V/V—下/VV""S＋把＋O＋V着""S＋把＋O＋V了V""S＋把＋O＋—V""S＋把＋O＋V了"等等。以往对"把"字句的这些下位句式进行研究时，过分看重句法语义特征，而忽视了整体语用功能。事实上，这些下位句式在陈述性"把"字句和祈使性"把"字句中的表现是很不一样的。我们分别予以说明。

一、把+O+V—V/V—下/VV

首先，这几个下位结构用于陈述性"把"字句中时是受限的，而用于祈使性"把"字句中时则比较自由。例如：

（1）a.* 他把地板擦一擦。

　　　 b. 你把地板擦一擦！

（2）a.* 他把东西整理一下。

　　　 b. 你把东西整理一下！

（3）a.* 他把衣服洗洗。

　　　 b. 你把衣服洗洗！

这与两类"把"字句的功能分野直接相关。祈使性"把"字句表达的是具有明显互动性的言语行为，它的完成必须依赖听说双方的交互配合。说话人通过明示手段表达出自己的意图，听话人能够很快做出反馈，配合说话人完成互动任务。陈述性"把"字句则不然。说话人在进行言语表达时并没有明确的示意，有可能是告知，也有可能是希望对方给出反馈。对于听话人来说，他可能需要通过语用推理才能推断出说话人的交际意图。"V—V""V—下""VV"表示的都是动作的尝试义或者短暂义，如果用在陈述句中，由于缺少时体特征，不能构成事件，也就无法构成完整的信息，除非加上时体标记"了"。祈使句作为具有明显交流性特征的句子，它表达的言语行为必须要在交际双方的交互配合中才能完成，"V—V""V—下""VV"这类表未然体的结构就是从言语上对听话人提出要求并希望得到对方的行为反馈。

二、把+O+V 了 V/ 把+O+—V

"把+O+V 了 V"与"把+O+V—V/V—下/VV"这几个结构在陈述性"把"字句和祈使性"把"字句中的入句条件是相互排斥的。句子作为一种刺激，要求听话人必须有一定的反应。（张斌，1998）祈使句要求的反应是行动，而不是语言，而陈述句要求的反应是模糊的。一般情况下，陈述句的交际功能更多的是告知，或称信息的传递。至于听话人是否需要做出反应或者具体做出怎样的反应是由语境来决定的。很显然，"V 了 V"表示动作的完成或者结束，更符合陈述性"把"字句表达客观事实的成句要求。例如：

（4）a. 他把椅子挪了挪。

　　b.* 你把椅子挪了挪！

相对于"把+O+V 了 V"，"把+O+—V"结构的描写性更强，常常用来描写动作的情状，表示动作或状态的紧促发生。该结构和"把+O+V 了 V"一样，也是用在已然体中，几乎不用于未然体。就互动性而言，它不要求听话人做出即时的反应，只是表达了说话人的某种主观情绪而已。因此，"把+O+—V"结构只能用于陈述性"把"字句，不能用于祈使性"把"字句。例如：

（5）a. 他把眼睛一斜，没说话。

　　b.* 你把眼睛一斜（，没说话）！

（6）a. 他把门一关就走了。

　　b.* 你把门一关（就走了）！

三、把+O+V着

"着"之所以能和动词连用进入"把"字句，原因在于"着"表示某个动作的发生及其后续结果状态的延续。构成"V着"的动词十分有限，主要是"带、背、拿、开、挂、举"等静态动词。这些动词通常具有"使状态持续"的语义特征，和"着"搭配后多数出现在祈使性"把"字句中。由"把+O+V着"构成的祈使性"把"字句是一种交际双方互动行为的表现，也是说话人意图与目的的外在显示形式，它在交际中通常带有说话人的强烈主观意图。例如：

（7）a. 你把外套带着！（外面冷。）

　　b.* 他把外套带着。

（8）a. 你把这些旧书留着！（将来都能派上用场的。）

　　b.* 他把这些旧书留着。

（9）a. 把这些水果拿着。（给孩子吃！）

　　b.* 他把这些水果拿着。

"把+O+V着"结构用在陈述性"把"字句中时，由于缺乏说话人的交际意图，又不符合典型"把"字句结果或状态的"改变"义或"处置"义，所以它的使用是极其受限的，除非在"V着"前带上一些状语性成分才可以成句。例如：

（10）他把我的手紧紧地握着。

（11）他把我上上下下打量着。

以上两句中的焦点信息就是状语成分"紧紧地"和"上上下下"。这两个状语成分在语音上都需要重读。

四、把+O+V了

关于"把+O+V了"句式，前贤的研究成果不少，如吴葆棠（1980）、任鹰（2007）等，但都未区分陈述性"把"字句和祈使性"把"字句。进入陈述性"把+O+V了"句式的动词"V"是很受限的，要受到语义特征的制约。该句式中的"V"需具有［+使消失］或者［+使脱离］的语义特征，这是保证陈述性"把+O+V了"句式合法的重要条件。例如：

（12）他把衣服脱了。

（13）*他把衣服穿了。

可是如果将"把+O+V了"句式放在祈使句中，以下两句都能成立。例如：

（14）（你）把衣服脱了！

（15）（你）把衣服穿了！

这说明祈使性"把"字句在采用"把+O+V了"句式时，动词的语义特征是不受限的。只要这个动词有资格进入"把"字句，它就可以用于祈使性的"把+O+V了"句式。

另外，还有一点需要注意：如果"把"的宾语是动作发生之前还未出现的，通常不能用在陈述性"把"字句中，但是可以用在祈使性"把"字句中。例如：

（16）*奶奶把毛衣织了。

（17）*我把字写了。

（18）把毛衣织了！

（19）把字写了！

这还是跟祈使句的句类特点有关。虽然宾语是动作发生之前还未出现的，但在祈使句的现时交流语境中，听话人能够理解宾语的所指，所以就不会影响交际。

总的来说，"把"字句对陈述句的要求是最复杂的，不论是"把"后宾语、动词或是动补短语等等，都有不少限制条件。而祈使性"把"字句的入句条件要宽松得多。这应该是和祈使句表达的是现时交流有很大的关系，语境的支撑起了很大的作用。

习得篇

第五部分　"把"字句的不同语体表达

29. "把"字句的书面语体表现形式有哪些?

"句式与语体有密切的关系。研究句式，需要联系语体；研究语体，更得考察各种句式在不同语体中的分布情形，从而认识每类语体的言语特点。"（郑远汉，1987）

即便是同一类结构形式，在不同语体中的语音、词汇、语法的表现形式都各有不同。前面我们刚刚说到，口语语体的句子具有结构简单、句子短小、修饰性成分较少、省略较多等特点，而书面语体的句子一般具有结构严谨、层次分明、逻辑紧密、叙述规范等特征，所以在书面语中常常用长句、复句等结构比较复杂的句子。本节在讨论"把"字句书面语体①的表现形式和特征时，将以现代汉语本体的语料作为分析依据，以求更真实地反映出"把"字句的书面语体表现。

如果"把"字句中的动词具有明显的书面语特征，则整个"把"字句的书面语特征也会相应增强。如"-以、-化、-为、-入、-向"等形式的双音节和多音节动词，都是具有书面语特征的动词。

（1）如果把某些事件、某些人物、某些阶级、某些思想，按照表面现象加以"分类"，然后一一贴上标签，这是比较容易办到的，但结果往往不符合客观实际，因此这样做是探求真理的大敌。

---

① 书面语体通常分为事务语体、科技语体、政论语体和文艺语体四类。本书在写作时，考虑到教学上的便利，除非有特殊要求，一般不做详细区分。

（2）更有甚者，一些中国知识分子急于把这一切都"中国化"（有时则干脆叫作"民族化"），即以中国的思维观念模式急切地把外来文化予以"中国式"的改造。

（3）学术界该不该投入大量精力关注司空见惯的日常事物？"将简单的事情复杂化"是科学性的研究，还是思维和语词的浪费？凡此种种，常在我心中念及。

（4）有评论者把20世纪以来的中国现代文学指称为一种"走向世界的文学"，实在是非常地恰当。

（5）《学本》的做法有其建设性和启发性。把"语文素养"化解为多种元素，然后以书面的静态的形式做编排、做分析和点评，是考虑了阅读过程的复杂性，考虑了学生在阅读中所涉及的各式各样的问题。

（6）我们要抓住机遇，迎接挑战，争取把一个更加和平、稳定和繁荣的世界带入新的世纪。

（7）像严琦这样从做实验开始创立一道新菜的投资者不少，不过能把一道菜从地方推向全国，使之成为家喻户晓的名菜，独特的口味才是关键。

"把"字句的各部分有修饰语时，修饰语越长，越接近书面语体。修饰语越短，越接近口语语体。

1. "把"字句的主语有较长的修饰语。例如：

（8）他们俩互相偎依着，默默不语，望着暮色，眼里反射出最后的黄昏光辉。寂静的黄昏美景渐渐地把他们笼罩住了。

（9）这个飞机坠毁的意外消息，简直像晴天霹雳一样把他打蒙了。

2. "把"的宾语有较长的修饰语。例如：

（10）只有把一切可以团结的人都团结起来，把一切可以调动的积极因素都调动起来，尽可能地化消极因素为积极因素，我们才能实现既定的总目标、总任务，才能完成历史赋予我们的使命。

（11）当我们人类无限制地乱砍滥伐，把一个原本"天苍苍，野茫茫，风吹草低见牛羊"的草场破坏得只剩下一堆草的时候，这时候有一头马和一头驴要抢吃这一堆草，你说，是我吃呢，还是你吃？

在书面语体中，"把"的宾语前的修饰性成分越是具有描写性定语的特征，该"把"字句的文学性特征就越强，书面语体特征就越明显。例如：

（12）她把盘成发髻的头发解开披散着以尽快晾干。

（13）我把我一生最富有开拓精神和创造力的青春年华都献给文学了。

（14）他一边说着，一边把一本封皮已满是皱褶的书朝对方扔去。

3. "把"字句的动词前有修饰语。例如：

（15）我想问你，公司倒闭了，你就这样把这些老员工全都不负责任地推到社会上去吗？

（16）大队长小跑几十里路到公社报告了案情，公社公安特派员立即到现场破案，把七叔公五花大绑抓到了公社。

（17）祖母的金玉良言早已融进了她的血液。五年来，她常常把一个个铜板积蓄起来的数字反复在心里盘算。

相对于其他位置的修饰语，"把"字句动词前只要有描摹性的修饰语充当状语，整个句子的书面语体特征就会明显增强。

4. "把"字句动词后的成分有较长的修饰语。例如：

（18）她坐在梳妆台镜子前，把双手浸在一盆刚从超市买回来的牛奶里。

（19）今年9月，海尔业务部把一份业务合同送给青岛中货驻海尔本部的负责人，要求青岛中货务必在一个月内把一批数目可观的冰箱送到葡萄牙客户的手上。

5. 如果整个"把"字句的各个构成成分都有修饰语，整个句子的书面语体特征就会更加突显。例如：

（20）这套书的作者以纯真的青春情怀，把一个个粉红色的梦和爱，以及对家庭、学校、社会的真实感受和困惑，一一记录下来，率真地讲述着长大的感觉、早恋的故事、对友情的看法、学业的压力、和父母的关系。

（21）从这个意义上讲，傅连暲称得上是个"典型环境中的典型性格"。福音医院的特殊环境、千年古城的文化积淀、浩浩汀江的滔滔流水，把一个真实可感、有血有肉的知识分子形象活生生地烘托在我们面前。

例（20）中"把"字句的主语、"把"的宾语和动词前都有修饰语，例（21）

中"把"字句的主语、"把"的宾语、动词前和动词后的补语前都有修饰语。这些修饰语使得整个"把"字句被拉长了,"把"字句的语义容量被扩大了,这也更符合书面语语境中"把"字句的使用特征。因为与口语交际相比,书面语媒介时间压力较小,不需要"即时"的互动性,所以书面性的语言通常允许使用复杂的句法构造。也正是由于书面语体语言形式上的复杂性,即便是对中高级阶段的学生来说,书面语表达的输入和输出在他们的语言学习中仍然存在很大的困难。

几个"把"字句并列使用,这种句式上的拉长符合书面语体语言形式的特征。例如:

(22)邹家华说,我们正处于世纪交替的重要历史时刻。<u>把一个怎样的世界带入21世纪</u>,<u>把一个怎样的地球留给我们下一代</u>,是各国人民都十分关注的问题。

(23)实用主义的独特风格主要体现在,它强调立足现实生活,<u>把确定信念当作出发点</u>,<u>把采取行动当作主要手段</u>,<u>把获得效果当作最高目的</u>。

一些特定的书面语体(如菜谱、社论等)常使用较正式的"将"字句。例如:

(24)<u>将北极虾化冻</u>,洗净表面,加少许盐、1小勺料酒、少许胡椒粉、1勺生粉,抓匀腌制十分钟。(年糕酸菜上汤虾的做法)

(25)再加蒜苗、鸡精调下味,即可摆盘盛出,<u>并将事先过油取出的花椒和干红椒放在表面上</u>。(年糕酸菜上汤虾的做法)

(26)全面贯彻党的基本理论、基本路线、基本方略,坚定志不改、道不变的决心,<u>将改革开放进行到底</u>,在中国特色社会主义道路上昂首阔步向前进,我们一定能牢牢<u>把中国发展进步的命运掌握在自己手中</u>。(人民日报社论《在新的伟大征程上奋勇前进——2022年元旦献词》)

例(24)~(25)是以菜谱为代表的操作性语篇,只关注时间的连续性,不注重行为的主体,涉及的人际关系相对较远,这些操作性语篇属于客观表达语体,语言表达都是相对客观的,使用客观性更强的"将"字句更符合该类语篇的整体语言特征。所以,在这类语篇中,"将"字句的使用要多于"把"字句。与操作性语篇相比，例（26）这种社论往往是就当前国内外发生的重大事件或问题发表意见、表明态度、解释政策、提出任务并且指引方向，它属于一种书面上的主观语体，因此不能太具文言性，涉及到的人际关系也不能太远，否则难以起到启发民众、警醒民众的语言效果。所以在社论中主观性较强的"把"字句，尤其是带有修饰成分的"把"字句，要远远多于客观性较强的"将"字句。

由此可见，语言中的口语语体和书面语体，语言中的主观性和客观性，并非截然不同的两个视角，常常是需要结合起来看待的。"把"字句常随着表达需要而做着适配性调整的语体选择，典型地反映了汉语中这个最具活力的高频句式的性格，典型地反映了汉语的性格。（张伯江，2019）也就是说，汉语"把"字句的语体选择不同，其结构类型也会存在比较大的差异。

30. 口语表达中"把"字句的常见用法有哪些?

"把"字句有很多下位句式，如根据谓语部分的构成特点，可以从形式上将"把"字句分成五种结构类型。"把"字句谓语部分的构成形式种类比较多，谓语动词前后总是要有一些其他成分的参与。比如动词后面可以带上结果补语、趋向补语、数量补语、情态补语、体标记"着、了、过"、动词宾语等成分，动词前面可以加上修饰语等。"把"字句的句法结构类型是由动词的使用形式决定的。动词的搭配结构不同，"把"字句的句法结构的类型也就不同。不过，出现在不同语体中的"把"字句，其句法形式有差别，语义语用功能也不尽相同。据杜文霞（2005）考察，口语语体和书面语体中的"把"字句不论数量还是使用频率都有明显差别。书面语体中，事务语体、科技语体里的"把"字句在数量和使用频率上都明显少于其他语体。口语语体与文艺语体中小说、戏剧文体内的"把"字句使用频率相差不大。而且，在口语语体和文艺语体中，"把"字句的主要作用是描绘场景中的人物动作、陈述客观事物以及表达主观愿望。"把"字句的语用功能、句法结构、动词选择和语体之间有大致的对应关系。

我们这里讨论的口语语体指的是非正式场合下的谈话语体，不包括正式会谈、演讲、辩论、现场解说等。因为非正式场合下的谈话或聊天儿最为随意，是最能体现口语语体特征的。一般来说，口语表达中的"把"字句通常有以下几种常见的用法：

一、表示使确定的事物受到影响而产生某种变化。动词后常有表示情态或程度的补语。有时表情态或程度的词语可以省略，构成"看+把+O+V+得"。例如：

（1）看你把这房间搞得乱七八糟的！

（2）看把爸爸高兴得脸上都笑成一朵花了！

（3）看把妈妈都累坏了！

（4）看把这孩子急得！

该结构常常表示某人的行为或某人、某物的状态有些夸张，说话人认为用不着或不必到如此地步。在有语境支撑的对话场合下，补语即使不出现，也不影响听话人对句子的理解。

有时候"看"或者"把"可以省略，"把"的主语也可以省略。例如：

（5）看你乐得，这个相声你全都听懂了？

（6）把这房间搞得！

（7）这房间搞得！

例（6）和例（7）到底表达了说话人怎样的情绪，需要结合语境才能判断出来。我们可以分别增添不同的语境来表达完整的语义。以例（6）为例：

a. 你太能干了！把这房间搞得！

b. 你真是太不像话了！把这房间搞得！

另外，绝大部分的"把"字句都可以在核心动词的前面加上"给"字，构成"把……给……"结构，"给"后引出某人、某物达到的程度或者结果。有了"给"的参与，"把"字句的口语化程度就明显增强了。例如：

（8）他终于找到了满意的工作，这可把他给高兴坏了。

（9）昨天收拾房间时我不小心把花瓶给打碎了。

二、表示对待关系。"把"作"拿"或"对"的意思讲，常以反问句和否定句的形式出现，表示否定义，常构成"把/拿某人怎么样"或者"拿某人不当人"等等。在这些熟语性用法中，否定词"不""没"的位置比较自由。例如：

（10）不让我去我偏去，看你能把我怎么样？

（11）虽然警察怀疑他是凶手，但没证据，所以也不能拿他怎么样。

（12）你真是拿他不当人！也太不尊重他了。

（13）别不把我当人！（＝别把我不当人！）

（14）这次考试很重要，你别不把它当一回事儿。（＝你别把它不当回事儿）

（15）你可真不拿自己当外人，到别人家就跟到自己家似的。（＝你可真拿自己不当外人）

有时也可以构成"把/拿……看作/当作……"。例如：

（16）小刘一直都把这个老人看作自己的亲人。

（17）你不要老拿父母的话当作耳旁风好不好？

还可以构成"不/没把……放在眼里"。该结构常用于否定，表示不在乎某人、某物或某事，有轻视、看不起的意味。例如：

（18）我从来没把那个小公司放在眼里。

（19）他一直就不把我放在眼里。

（20）这种小地方，他根本就没把它放在眼里。

三、在祈使句中，常常用"把……VV""把……V一下""把……V了"等形式，表示命令某人做某事。例如：

（21）赶紧把桌子擦擦！

（22）你把电脑开一下！

（23）走时别忘了把门关了！

四、表示发生不如意或者意料之外的事情时，常构成"把+（一）个+N"。

"个"也可用其他量词替换。例如：

（24）关键时刻我偏偏把个手机给丢了。

（25）她把个孩子生在了火车上。

（26）老师的一番表扬把个张明说得怪不好意思的。

（27）他把件刚买的衣服给洗坏了。

五、用来描写动作的情状时，常构成"把+O+一V"。例如：

（28）听了我的话以后，爸爸把脸一沉，不再搭理我。

（29）下班了，老林把电脑一关，就离开了办公室。

（30）进了房间后，姐姐把书包一扔，就开始看电视了。

这类结构常用于已然体，用来表达已经完成的动作或状态，不用于未然体。另外，它通常不能单独使用，常作为条件或背景放在从句中使用。所以，该类结构在口语表达中常常用来描述某一客观事件。

六、在祈使句中，用代词"它"复指"把"的宾语，常构成"把+O+V了+它"。用"它"复指以后，口语化更明显。例如：

（31）把这碗汤喝了它！

（32）赶紧把今天的作业做了它！

总的来说，交际是在一定的语境中进行的，话语来源于真实的言语交际过程，它常常是互动双方甚至三方在即时的会话过程中生成的。在互动性的口语交谈中，不论是何种言语行为，一定要在听说双方的交互中才能完成。言语中的互动交际受到语言环境的影响，在句子的构建上会体现出跟书面语很不一样的形式表征。口语语体中的"把"字句所用的动词绝大多数是单音节动词，少数是双音节动词。另外，口语表达中的"把"字句句子短小，结构简单，修饰性成分较少，不讲究句子的完整性，只要借助语境能够完成双方的交际活动即可，所以常会省略某些成分。这种缺省既符合语言的经济性原则，也符合口语语法的交际特性。

31. "给我+把+O+VP"和"把+O+给我+VP" 有什么不同?

本节我们讨论的是祈使性的"给我+把+O+VP"和"把+O+给我+VP"这两个句式的用法。例如:

(1)给我把门关上!

(2)给我把他轰出去!

(3)把门给我关上!

(4)把他给我轰出去!

例(1)~(2)是"给我+把+O+VP"句式,例(3)~(4)是"把+O+给我+VP"句式。这四例都是口语语体的祈使性"把"字句,其中介词"给"的作用是引出与事,介词"把"的作用是引出受事。

一般来说,这两个句式差别不大,说话人可以按照自己的说话习惯来决定选哪个句式。但如果细究起来,"把"和"给"放在不同的位置时,句子的语义还是有一定区别的。

我们首先来看"给我+把+O+VP"句式。"给我+把+O+VP"用于祈使句时,通常有两个意思,具体表达什么语义,要根据上下文语境来判断。

第一,"给我"即"为我""替我"之义,有请求的语气,"我"是受益者。例如:

(5)不好意思,给我把包挂一下。(替我把包挂一下。)

(6)你出去时,给我把门关一下。(替我把门关一下。)

第二,加强命令语气,表示说话人的意志,即对听话人的强势命令。例如:

(7)快点!给我把门打开!(*替我把门打开!)

(8)赶紧的!给我把手机关了!(*替我把手机关了!)

介词短语"给我"放在句首构成"给我+VP"时,常常表示一种上对下的

"权势关系",比如"给我听着!""给我滚出去!"等。加上"把"构成"给我+把+O+VP"句式后,这一体现"权势关系"的表达更明确了说话人对听话人发出的命令,即要求听话人对某一事物进行处置,并且"给我"的参与使得这一处置动作刻不容缓。这里"给"引进的受益者"我"是一定不能省略的。所以,相比较而言,如果要表达说话人的强势命令,通常会将"给我"放在句首,"给我+把+O+VP"句式是说话人的优先选择。例如:

(9)给我把他叫来!

(10)给我把垃圾倒了!

例(9)(10)都是命令句,我们一般不会将它们看成请求句,还有一个很重要的原因是命令句和请求句中谓语部分的构成不同。如果谓语部分是"VV"或者"V一下",我们更倾向于将句子看成请求句,如例(5)和例(6);如果谓语部分是"V+补语"或者是"V了"的形式,我们更倾向于将句子看成命令句,如例(9)和例(10)。

有时候,在非祈使句中,说话人为了获取对方的好感,也会优先采用"给您/你把……"这样的结构,以表示对对方的重视。这样的表达会让听者有被尊重的感觉。例如:

(11)张先生,您好。我给您把西装挂上吧。

(12)我已经给您把照相机准备好了。

(13)我给你把垃圾扔掉吧。

我们再来看"把+O+给我+VP"。例如:

(14)你把垃圾给我倒了!

(15)你把作业给我做了!

(16)你把衣服给我洗了!

从语法形式上看,在一般的"给"字句中,"给"的作用是引出受益者,如果谓语动词后面带上宾语的话,"给"后的受益者是可以省略的;如果谓语动词是"动词+了""动词+着"或者是光杆动词,"给"后的受益者就不能省略。例如:

(17)你给我买点东西。(=你给买点东西。)

（18）拿去！你给我滚！（＊你给滚）

（19）你给我听着！（＊你给听着）

（20）你给我扔了！（＊你给扔了）

"把＋O＋给我＋VP"句式是可以省略"给"后的受益者"我"的。例如：

（21）你把垃圾给（我）倒了。

（22）你把作业给（我）做了。

（23）你把衣服给（我）洗了。

这里"给"后省略的"我"可能是实指，也可能是虚指。如例（10）"给我把垃圾倒了"中的"垃圾"有可能是"我"的，也有可能跟"我"无关，而例（21）则更强调命令的发出，即对"垃圾"的处理。齐沪扬（1995）认为"把……给"是语用上表示强调的搭配。

另外，"把"的宾语如果音节比较长，为了保持句子的平衡，通常会选择"把＋O＋给我＋VP"，而不是"给我＋把＋O＋VP"。这样安排的话，不论是说话者还是听话者都把焦点信息放在了句尾"给我＋VP"上，即"把"字句的结果处理上，信息的传达或接收更加明确。例如：

（24）你把昨天老张送我的那本书给我拿过来。

（25）？你给我把昨天老张送我的那本书拿过来。

（26）你把刚才上课捣乱的那个学生给我叫进来。

（27）？你给我把刚才上课捣乱的那个学生叫进来。

32. 口语中的"S＋把＋O＋给＋VP"句式怎么用？

"S＋把＋O＋给＋VP"是一个非常典型的口语句式，因为放在动词前的"给"是现代汉语口语中使用频率很高的词，它在语用上的明显特征和表达功能是其他助词不能与之相提并论的。因此，我们在讨论"S＋把＋O＋给＋VP"时，离不开口语语体这个语用环境。我们必须从口语句式的特点出发，来分析这一句式的特征以及"给"在其中所起的作用。

在"S＋把＋O＋给＋VP"句式中，由"把"组成的介词结构修饰"VP"，"VP"前加了一个"给"。这里的"S"是施事，"O"是受事。通常我们认为这个句式是处置式，而这里的"给"只是起到加重处置语势的作用。例如：

（1）他不小心把腿给摔断了。（腿被摔断）

（2）本来好好的一件事，都让你把它给搅黄了。（它被搅黄）

这两句的"给"表示处置的作用很明显，即"腿被摔断""事被搅黄"。那么，这里的"给"是什么词性呢？我们可以对比一下下面两个例子：

（3）我把信给它寄出去了。

（4）我把信给寄出去了。

在例（3）的"S＋把＋O＋给它＋VP"中，"给"是介词，介引的是跟前面的受事所指（指"信"）相同、语音上弱化的"它"；而在例（4）的"S＋把＋O＋给＋VP"中，"给"后不带宾语，其介引功能虚化甚至丧失了，因为介词的明显特征是其后要有支配词，所以，我们通常把这个直接放在动词之前的"给"看作是助词。例（1）和例（2）中的"给"也是助词。

"S＋把＋O＋给它＋VP"中的"它"是弱读音节，相当于轻声，具有复指功能和加强语势的作用（李炜，2004），在形式上也可以省去。一旦省去，加强语势的作用就落到了"给"的头上。我们可以对比一下：

（4）我把信给寄出去了。

（5）我把信寄出去了。

很明显，例（4）的"给"在语势上更突出，强调了对"把"的宾语"信"的处理：信被寄出去了。除此之外，例（4）的口语色彩比例（5）更重。

在口语句式中，谈话双方对具体的语言环境和辅助表达手段（如表情、眼神、手势、语调等）有很大的依赖性，这样，"给"后支配成分的省略，也就不会影响到谈话双方的正常交流。

从历史发展来看，"S＋把＋O＋给＋VP"句式是"五四"以后出现的一种新的语言句式（齐沪扬，1995），它可能存在这样一个发展脉络：把信寄出去了——给信寄出去了——把信给寄出去了。"把信给寄出去了"具有明显的语用上的强调义，也就是强调对"信"的处理，或者说是强调"信"的被处理。

还有一点需要注意，在"S+把+O+给+VP"句式中，谓语动词后面需要有某些连带成分，或者用补语，或者用助词"了"，但绝对不能是光杆动词。例如

（6）* 你把背包给拿！

（7）你把背包给拿过来！

（8）* 他把小偷儿给放。

（9）他把小偷儿给放了。

有时候这些连带成分必须是多重的，即补语和助词"了"都必须有。例如：

（10）* 他把手机给修了。

（11）他把手机给修好了。

（12）* 妈妈把饭给烧煳。

（13）妈妈把饭给烧煳了。

一般来说，构成"V 了"的谓语动词主要有"杀、害、骗、蒙、跑、丢、抓、得罪、收拾、坑、放、打发"等，多是一些具有非褒义语义特征的动词。构成"V+补语"的动词短语有"拿进来、扔出去、叫进来、带下去"等，它们通过趋向补语来表达结果意义；还有一部分是"修好、做完、弄丢、吓坏、气跑、撑死"等动结式短语，它们同样表达结果意义。

说话人究竟会在什么情况下使用"S+把+O+给+VP"句式呢？主要有两种情况：

第一种，当"S+把+O+给+VP"是陈述句时，该句式的语用义常表示意外，即施事的动作行为及结果出乎说话人的意料。（王彦杰，2001）这里的"意外"义主要包括三种情况：违背常理、意外损失、意外获得。我们分别举例说明。

（14）他把那个人给杀了。

（15）他把那个员工给辞退了。

（16）他把领导给得罪了。

（17）他把衣服给弄脏了。

（18）爸爸把电脑给买回来了。

（19）妈妈把晚饭给做好了。

例（14）和例（15）表达的是违背常理的"意外"义，即说话人认为施事的动作行为及结果违背常理；例（16）和例（17）表达的是意外损失的"意外"义，即说话人认为施事在无意中造成了某种消极的动作行为及结果；例（18）和例（19）表达的是意外获得的"意外"义，即说话人认为施事的动作行为及结果超出了预期。

这三类"意外"义的鉴定标准是：违背常理的"意外"义，其动词的语义特征是［＋自主］、［＋使受损］；意外损失的"意外"义，其动词的语义特征是［－自主］、［＋使受损］；意外获得的"意外"义，其动词的语义特征是［＋自主］、［＋使受益］。

第二种，当"S＋把＋O＋给＋VP"是祈使句时，该句式的语用义常表达强势的命令。祈使句是对听话人发号施令，要求对方做某事，所以进入该句式的动词都必须具有［＋自主］的语义特征。例如：

（20）把电脑给关了！

（21）把手机给收起来！

（22）把那只鸡给杀了！

（23）给作业给收好！

另外，在"S＋把＋O＋给＋VP"句式中，"把"的宾语"O"常常采用无定形式，构成"S＋把＋个＋O＋给＋VP"的句式，"个"也可以替换成其他量词。例如：

（24）他太粗心了，把个考试的资料给弄丢了。

（25）他把个孩子给撞倒了。

（26）他把个小偷儿给放跑了。

（27）他把个手机给修好了。

"S＋把＋个＋O＋给＋VP"句式既可以表达消极的语义［如例（24）～（26）］，也可以表达积极的语义［如例（27）］。这里"把"的宾语采用无定形式，其实也是一种语用需要，是说话人为了表达某一事态的发展出乎自己的意料而刻意选择了无定形式。我们可以为这一类句式提供语境来加以验证。例如：

（28）a. 我让她在网上买一箱牛奶，结果她把酸奶给买回来了。

　　　 b. 我让她在网上买一箱牛奶，结果她把箱酸奶给买回来了。

（29）a. 我让她做一份数学试卷，结果她把英语试卷给做了。

       b. 我让她做一份数学试卷，结果她把份英语试卷给做了。

与两个 a 句相比，两个 b 句采用"S＋把＋箱／份＋O＋给＋VP"结构形式，其语义表达更能突显出说话人的"意料之外"。

33. "把"的无定宾语须满足什么样的句法和语义条件?

通常认为，"把"字句宾语应该是有定的。"把"字句宾语的有定性是"把"字句研究中最常被人提及的问题。到底什么是"有定"？这个概念在很长一段时间内都没有一个一致的说法，"有定""无定"这一组概念的使用一直是比较模糊的，学者们对此都有不同的观点。其实，大部分"把"字句中"把"后的宾语是有定的，但还有一部分"把"的宾语是无定的。需要说明的是，这里所说的宾语"有定""无定"是从名词的表层形式特征上来说的，不考虑名词的所指，即不考虑语义的问题。我们可以根据"把"的宾语的"有定"和"无定"将"把"字句分成两大类：有定"把"字句和无定"把"字句。例如：

（1）＊我把一个手机修好了。

（2）＊小芳把一件衣服洗干净了。

（3）昨天我把一个字写错了，妈妈马上就让我改过来了。

（4）我刚才不小心把一块玻璃打碎了。

（5）？我刚才不小心把那块玻璃打碎了。

（6）我刚才看见老刘把一个孩子抱进了车里。

（7）？我刚才看见老刘把那个孩子抱进了车里。

例（1）和例（2）的"把"字句宾语是无定的，这两句都不能成立；例（3）、例（4）和例（6）的"把"字句宾语同样是无定的，三句却都可以成立；例（5）和例（7）的"把"字句宾语都是有定的，句子读起来却很别扭，除非前面有语境的支撑①。这反映了什么问题呢？这里面隐含了"把"字句宾语的什么规律呢？我们可以得出这样的结论：并非所有的无定宾语都不能用于"把"字句；同样，也并非所有的有定宾语都可以"畅通无阻"地用于"把"字句。

例（3）、例（4）和例（6）都是无定"把"字句。所谓无定"把"字句，是指"把"字句后名词为无定形式的"把"字句。（陶江印、张伯江，2000）这类"把"字句的数量并不少。②例如：

（8）如果要把一位名人作为你的精神偶像的话，你选哪一位？

（9）*我知道他把书卖了。但他卖的是哪些书，我不知道。

例（8）中的"一位名人"很明显是无定形式，语义上也是无定的。例（9）中"把书"中的"书"形式上没有有定标志，但语义上是有定的，所以后续句"他卖的是哪些书，我不知道"在逻辑上就不成立了。如果把例（9）变换一下，就可以说了：

（10）我知道他卖书了。但他卖的是哪些书，我不知道。

因为放在宾语位置的"书"无论在形式上还是在语义上都是无定的，所以与后续句"他卖的是哪些书，我不知道"能够产生逻辑上的联系。又比如：

（11）a：我昨天下午把三本书都看完了。

　　　b：*哪三本书？

例（11）b之所以不能成立，是因为a中的"三本书"在形式上是无定的，可在语义上是有定的，倾向于理解为听说双方都已知道的旧信息。我们可以通过增加语境的手段来增强这句话的可接受度：

（12）上周我不是从图书馆借了三本书吗？昨天下午我把三本书都看完了。

由此可见，"把"字句的无定宾语并不在少数。"N₁＋把＋一个N₂＋VP"是

---

① 给例（5）和例（7）提供上下文语境，前后有所照应后，句子就可以说了。例如："哎！门口的这块玻璃花了我好多钱，我刚才不小心把那块玻璃打碎了。""还记得我昨天跟你提到的那个男孩吗？我看见老刘把那个孩子抱进了车里。"

② 洪波（2013）讨论过无定"把"字句的生成机制。洪波认为，无定"把"字句是由"把"字宾语的弱话题性及其语义上原型受事的不确定性特征双重作用的产物，其原型受事的不确定性特征是无定"把"字句的根本生成机制。

最典型的无定"把"字句。

很多无定的宾语只要有某些定语修饰，就可以用在"把"字句中。甚至是某些指定性弱，也没有定语修饰的宾语，同样也可以用于"把"字句中。例如：

（13）公交车上，拥挤的人群把<u>一个七八岁的女孩子</u>挤得东倒西歪的。

（14）新人们正在把<u>一个六平方米的巨大比萨</u>切成心形，以此表达心心相印、百年好合的美好祝愿。

（15）QQ真奇怪，昨天明明把<u>一个人</u>从好友中移除了，今天登录怎么又出现了？

（16）认真把<u>一件事</u>做好，虽然很累很头疼，可是做好了，很有成就感。

例（13）和例（14）中"把"的宾语是有定语修饰的无定成分，例（15）和例（16）中"把"的宾语是没有定语修饰的无定成分，但这四个"把"字句都是可以成立的。前两句和后两句的区别在于：

例（15）和例（16）中的无定成分都可以用"某一＋量词＋名词"来替换，而例（13）和例（14）不行。例如：

（13′）＊公交车上，拥挤的人群把<u>某一个七八岁的女孩子</u>挤得东倒西歪的。

（14′）＊新人们正在把<u>某一个六平方米的巨大比萨</u>切成心形，以此表达心心相印、百年好合的美好祝愿。

（15′）QQ真奇怪，昨天明明把<u>某一个人</u>从好友中移除了，今天登录怎么又出现了？

（16′）认真把<u>某一件事</u>做好，虽然很累很头疼，可是做好了，很有成就感。

前两句之所以不能成立，是因为前两句叙述的都是具体的事件。作为具体事件的讲述者和观察者，包括说话人在内的所有事件参与者都知道宾语的具体所指，所以"把"的宾语是一种确指。后两句叙述的都不是具体的事情，而是在说明一种现象、一种事理。对于听说双方来说，无须知道具体是哪个人、哪件事，所以后两句中"把"的宾语其实是一种泛指，它指的是某一个人、某一件事，或者任何一个人、任何一件事。

具体说来，"把"的宾语在以下几种句法和语义条件下可以采用无定的形式：

一、在不定成分（如"一个N"）前加修饰语。表性质状态的形容词、人称代词、指示代词、数量词、处所词，以及表示领属关系和周遍性的词语等都可以充当修饰语，增加"把"的宾语的有定性。例如：

（17）老师把<u>一个个子高高的长发女生</u>带到了教室里。（＊把一个女生带到了教室里）

（18）他走进房间，把<u>每个人</u>都打量了一番。（＊把人都打量了一番）

（19）我朋友把<u>我房间的一把钥匙</u>拿走了。（＊把一把钥匙拿走了）

（20）他把<u>一个上周从国外买回来的礼物</u>送给了我。（＊把一个礼物送给了我）

二、跟"把"字句主语有特定领属关系的宾语，即使形式上是无定的，但在说话人的意念和听话人的认知里，一定是双方都知道的某人或某物。例如：

（21）她那段时间忙于工作，每天都把<u>个八岁的孩子</u>留在家里。

（22）他站在那里，把<u>一只手</u>放在了脑后。

（23）生活对我进行了严格的磨炼，把<u>一个不谙世事的小男孩</u>变成了一个大男人。

句子语义决定了例（21）的"孩子"一定是"她"的，例（22）的"手"一定是"他"的，例（23）的"小男孩"一定指的是"我"。这三个宾语虽然在形式上是无定的，但在听说双方的意念和认知里，是有定的，是有所属的。

三、表示事理或一般规律时，宾语可以是无定的。这时候的"一个"可以表示"任何一个"或者"某一个"的意思。例如：

（24）孔子说"君子不器"。把<u>一个人</u>塑造成了一个器具，从根本上说，那是教育的失败。

（25）这种场合很容易把<u>一个人</u>弄得情绪紧张、烦躁易怒。

（26）如果你想把<u>一件事</u>做到极致，唯一途径就是坚持不懈地努力，同时还要付出超乎常人的代价。

（27）要做一个有所作为的人，就要尽自己全力把<u>一件事</u>在最短时间内完成。

（28）有些人可以令一个城市很有趣，有些人却可以把<u>一个地方</u>变得很乏味。

（29）离乡背井的人，只有把<u>一个地方</u>看作自己的家乡，生活才能过得安心一些。

例（24）～（29）中的"一个人""一件事""一个地方"看上去是任指，其实是泛指，指的是"某一个人""某一件事"或者"某一个地方"。它们所指的范围是很明确的。而且，凡是这一类用法的句子都是表达一般事理或者一般规律的，自然不需要特指。

34. "S+把+一个O+VP"的语用条件是什么？

前文我们讨论过无定"把"字句的句法和语义条件。无定"把"字句可以用"S+把+一+量词+O+VP"来表示，其中的"一+量词+O"可以是"一件事""一个人""一个地方""一本书""一根鱼刺"等等。下面我们来讨论一下"S+把+一个O+VP"这个最典型的无定"把"字句在语境中的使用条件。

我们先来看一些无定"把"字句的例子[①]：

（1）美兰回国时把一个小箱子交给朋友保管。

（2）昨天麦克走得太急了，把一个书包忘在教室了。

（3）我洗碗的时候不小心把一个杯子打碎了。

（4）火车快到站时，一个乘客把一个啤酒瓶狠狠地砸在了站台上。

例（1）～（4）都是合法的。我们知道，"把"的宾语大多数情况下都是有定的，那说话者在什么情况下会采用无定的形式呢？这类无定"把"字句在语境中的使用条件究竟是什么呢？

根据观察，说话人通常会在以下四种情况下使用这类无定"把"字句：

第一，当"把"的宾语作为新信息进入话语并成为后续话语谈论的焦点时，通常会选用无定"把"字句。例如：

（5）a：他进教室时把一本词典递给了我。

b：哪本词典？

---

① 这里的无定"把"字句排除以下这些例子。例如："把一个文档拆成两个文档/把一个东西放在另一个东西上面"。以上两句中的"一个"从数量上与后文的"两个"和"另一个"相对应，与我们讨论的"无定"不是一回事。我们提到的无定"把"字句中的"一个"，其计数计量的功能已经弱化了，具有了不定冠词的属性。

　　a：就是上次他在网上买的那本。

　　例（5）中的"一本词典"是首次出现的新信息，说话人将这一新信息放在"把"字句中，就使得接下来的会话焦点转移到了"一本词典"上，保证了后续会话的顺利进行。

　　又比如：

　　（6）a：你儿子在学校把一个同学给打了。

　　　　b：谁？

　　　　a：大卫，他同桌。

　　（7）我昨天把一个朋友的电脑给搞坏了，就是那个叫山本的日本人。

　　例（6）和例（7）中作为新信息的"一个同学""一个朋友"成为了后续会话的话题和焦点。前文的例（1）也是这种情况。

　　第二，当说话人需要用"把"字句来突出强调"令人遗憾"的情感时，或者强调某个行为的"出人意料"时，常常会选用无定"把"字句。例如：

　　（8）他把一个"莫须有"的罪名安在了我头上。

　　（9）昨天收拾房间时我把一个花瓶给打碎了。

　　（10）今天上课时我把一个单词给默写错了。

　　（11）她昨天骑车时把一个老人撞倒了。

　　例（8）～（11）都用"把"字句表达了"出人意料"的情感，即说话人没想到会这样，所以这类"把"字句表达的事件通常是"不尽如人意"的事情或者是"令人遗憾"的事情，造成的结果通常都是负面的。前文的例（2）～（4）表达的也是这种消极负面的语义。

　　又比如：

　　（12）他昨天走的时候，把一个椅子给弄坏了。

　　例（12）同样表达了一种负面的结果。如果换成"他昨天走的时候，把一个椅子给修好了"，则比较别扭，即便将此处的"一个椅子"作为后续话语的话题，在语感上的接受度也还是比较低。

　　再看例（13）：

　　（13）＊玛丽，请把一个杯子拿过来。

例（13）为什么不能成立呢？这是因为例（13）是祈使句，祈使句是命令某人做某事，听话人需要按照说话人的指令来行动，所以说话人的指令必须是明确的、便于理解的。此处的"一个杯子"会让听话人无所适从，不知道到底是哪个杯子。如果要表示明确的指定对象，可以说成"玛丽，请把（那个）杯子拿过来"；如果无须明确指定是哪个杯子，可以说成"玛丽，请拿一个杯子过来"。

一般来说，较为常见的增加信息量的方法是在名词前添加修饰语，使名词向有定的方向转化。所以，除了"一个"以外，如果名词前还有其他修饰语，"把"的宾语的有定性则会大大加强。修饰语越长，宾语的有定性则越强。例如：

（14）弟弟太调皮了，把一个好好的闹钟拆得七零八落。

（15）他把一个好端端的家庭给搞得家破人亡。

（16）他把一个原本只有两个人的公司发展成为一个国际性的大集团。

（17）她刚一进校，学校就把一个成绩很差的班级分给了她。

（18）他把妈妈昨天从超市千挑万选买回来的一个瓷碗给打破了。

第三，当"把"的宾语作为偶发信息出现时，可以用"S＋把＋一个O＋V"句式。例如：

（19）昨天他去上课时，把一个杯子落在了教室里。

所谓的"偶发信息"是指"把一个"后面常常是一个新的话语成分，但是这个成分并不属于话语事件的主要参与者，也不具有话题的连续性，即在篇章的前后都没有相对应的成分与之关联或衔接。像这样的成分可以看成是一种偶然出现的新成分，如例（19）中的"杯子"。"把＋一个O"这样的用法还有不少。我们可以再举一个例子。

（20）这孩子蹑手蹑脚地走进来，把一杯茶递到我手上，然后，胆怯地叫了一声"妈妈"。我抬起头来，问他："有什么事吗？""没事。"他说，"我能出去玩会儿吗？"

例（20）中的"一杯茶"是偶然出现的新成分，在语篇中不具有话题的连续性，既不承前，也不启后。那么，此处的"把"字句"把一杯茶递到我手上"跟上下文到底是什么样的关系呢？

单从"把一杯茶递到我手上"的前后句来看，这个"把"字句确实缺少话题连贯性；可是，如果从更广的语境上来考察这个句子和其他句子之间在意义配合上的关联度就会发现，这个"把"字句表达的是一种手段上的意义，通过它来引导或者实现后面的目的，即通过"把一杯茶递到我手上"来跟"我"套近乎以达到"出去玩"的目的。

第四，在第三人称小说文体中，如果"把"的宾语是小说主人公已知的事物，可以用无定"把"字句。例如：

（21）"啪——"马锐把一瓶酱豆腐摔碎在地上，褐红的卤汁流了一地……

在小说里，因为上文有马锐去"天源酱园买酱菜刚回来"的背景信息，所以"一瓶酱豆腐"也是可推知的信息。第三人称小说文体，通常以故事中的主人公意识决定事物所指的可辨性。"一般来说，说话人认为听话人能识别的就用有定形式，认为听话人不能识别的就用无定形式；仅仅说话人自己能识别的情况并不必然要用有定形式，还要考虑篇章中的其他因素。"（张伯江，2019）

第五，当上下文语境对宾语的有定性要求很低或者信息焦点后移时，"把"的宾语可以是无定的。例如：

（22）太吓人啦！我昨天吃鱼时不小心把一根鱼刺卡在嗓子里了，我再也不敢吃鱼了。

（23）孩子一个人在家的时候把一个一毛钱的硬币吞下去了。这可怎么办呀？

（24）我真是搞不明白，为什么舞台上的歌手在唱歌时总把一个东西塞在耳朵里？

例（22）和（23）表达的是突发性事件，听说双方关注的重点是如何处理这一突发事件，而不是"哪个鱼刺""哪个硬币"；也可以理解为，在这样的上下文语境中，交际双方的信息焦点后移，对听说双方来说，大家聚焦于"鱼刺卡在嗓子里"或者"硬币吞下去了"这一突发事件，所以表达重点是句尾的"我再也不敢吃鱼了"或"这可怎么办呀"。例（24）中，说话人在叙述某个现象时，并不期望听话人能确定这个名词的所指。对听说双方来说，大家聚焦的是"为什么要把某个东西塞在耳朵里"这一信息。所以，这三例中"把"的宾语的低有定性与语境的要求是相匹配的。"一个'把'字句的宾语是不是合适，一定要结合语

境来综合判断。"（俞志强，2011）

最后，请看下面三句话：

（25）小王昨天走的时候，把一把椅子给弄坏了。

（26）小王昨天走的时候，把那把椅子给弄坏了。

（27）小王昨天走的时候，把椅子给弄坏了。

这三句话在使用上的区别是什么呢？

我们可以通过增加语境来区分它们的使用条件：

（25′）a：小王昨天走的时候，把<u>一把椅子</u>给弄坏了。（启后）

　　　 b：哪把椅子？

　　　 a：就是讲台旁边的那把椅子。

（26′）a：我们前几天不是买了一把椅子吗？

　　　 b：怎么了？

　　　 a：小王昨天走的时候，把<u>那把椅子</u>给弄坏了。（承前）

（27′）a：小王昨天走的时候，把<u>椅子</u>给弄坏了。（启后）

　　　 b：哪把椅子？

　　　 a：就是讲台旁边的那把椅子。

（27′′）a：我们前几天不是买了一把椅子吗？

　　　 b：怎么了？

　　　 a：小王昨天走的时候，把<u>椅子</u>给弄坏了。（承前）

例（25）中的无定宾语"一把椅子"作为新信息进入后续话轮中，成为信息焦点，在语篇上具有启后的作用。例（26）中的有定宾语"那个椅子"是确指的，是作为旧信息出现的，在语篇上具有承前的作用。例（27）中的宾语"椅子"介于前两句之间，既可启后，也可承前。

35."S+把+个O+V"的语用意义是什么？

前面刚刚分析了"S+把+一个O+V"的使用条件，接下来我们再来分析一下"S+把+个O+V"的语用意义。例如：

（1）我收拾房间时把个花瓶摔碎了。

（2）领导的突然出现把个张小明紧张得要死。

（3）她不小心把个孩子生在了火车上。

（4）奶奶走得急，把个脚崴了。

那么，"S+把+个O+V"到底体现了怎样的语用意义呢？

前文刚刚说过，"把"字句的宾语多是定指的。从语用的角度上来看，如果"把"字句的宾语使用非定指的形式，通常是和一定的语用目的联系在一起的。总的说来，"S+把+个O+V"具有三种附加的语用意义：

第一，使事件结果具有异常性和意外性。例如：

（5）阿姨收拾房间时摔碎了个花瓶。

（6）阿姨收拾房间时把个花瓶摔碎了。

例（5）是相对客观的叙述，而例（6）用"把+个O+V"结构，使事件结果具有了"异常"性，表明说话人对此事的发生感到意外。两句的对比更突出了例（6）中结果的"异常"或"意外"。这种"异常"或"意外"大多数是负面的。例如：

（7）我太紧张了，把个考试考砸了。

（8）*我一点儿也不紧张，把个考试考好了。

这种"意外"情绪有时候也可以是中性或者正面的。例如：

（9）学生们把个教室挤得满满的。

（10）考试及格了，把个孩子高兴得不知道怎么才好。

（11）几年下来，把个原来亏损的小厂搞得红红火火。

例（9）是中性义的，例（10）和例（11）是正面义的。

第二，突出强调后面的宾语。例如：

（12）a. 我这个教书匠只想老老实实把书教好。

　　　 b. 我这个教书匠只想老老实实把个书教好。

（13）a. 本来嘛，把健康人硬关进精神病院，也会关出精神病的。

　　　 b. 本来嘛，把个健康人硬关进精神病院，也会关出精神病的。

（14）a. 拥挤的人群把大厅挤得满满的。

b. 拥挤的人群把个大厅挤得满满的。

通过对比可以看出，例（12）～（14）的 a 句都是普通的陈述句，而 b 句加上"个"以后，"把"的宾语有明显的突出强调的意味。

第三，表达说话人的不满情绪。例如：

（15）堂堂一个大学生，大庭广众之下，写错了个字。

（16）堂堂一个大学生，大庭广众之下，把个字写错了。

通过比较可以看出：虽然例（15）也表达了说话人的不满，但例（16）更加明确地表明了说话人的态度，有一种说话人认为不应该出现这种情况的意思，暗含"连个字都写错了，太不应该了"。又如：

（17）她丢了个手机。

（18）她把个手机丢了。

与例（17）的客观叙述相比，例（18）中说话人的主观性更强，更加明确地表达了说话人对"她丢手机"一事的不满或者觉得此事不应该发生。

既然此类"把"字句常常带有不如意的语义，那么，当说话人想要表达不如意的结果或变化时，可以优先选用此类"把"字句。

在"把+个 O+V"结构中，名词性成分"O"有两种情况：

一、"O"是普通名词（短语）。例如：

（19）她把个<u>孩子</u>生在火车上了。

（20）他在激烈的市场竞争中敢冲敢闯，把个<u>乡办小厂</u>转变为了省级大企业。

二、"O"是专有名词（短语），形式上有无定成分"个"，但其实名词（短语）的所指是有定的。例如：

（21）大力竟然把个"<u>敢</u>"字写成了"想"字。

（22）这一天，满街的鲜花，把个<u>上海</u>装扮得喜气洋洋、色彩缤纷。

（23）他的行为把个<u>张明</u>感动得泪流满面。

36. "把+一个O"和"把+个O"有什么不同?

有时候,"把+一个O"和"把+个O"表达的语义差不多,二者是可以互相替换的。例如:

(1)昨天收拾房间时我把一个花瓶给打碎了。

(2)昨天收拾房间时我把个花瓶给打碎了。

(3)他把一个好端端的家庭给搞得家破人亡。

(4)他把个好端端的家庭给搞得家破人亡。

例(1)~(4)表达的都是超出预期的负面事件。这说明,说话人在表达事件结果令人"意外"或者让人觉得"异常"时,这两个结构都是可以用的。

但是有时候,"把+一个O"和"把+个O"的语义又是有区别的,二者似乎并不能互相替换。例如:

(5)领导的突然出现把个张小明紧张得要死。

(6)*领导的突然出现把一个张小明紧张得要死。

(7)作为教书匠,我只想老老实实把个书教好。

(8)*作为教书匠,我只想老老实实把一个书教好。

(9)奶奶走得急,把个脚崴了。

(10)*奶奶走得急,把一个脚崴了。

(11)你怎么把个手机放在窗台上?

(12)*你怎么把一个手机放在窗台上?

下面分别予以分析。

为什么例(5)能说,而例(6)却不可以说呢?这是因为,在此类"把"字句中,当"把"的宾语由专有名词充当时,专有名词的前面通常用"个"而不是"一个"。因为专有名词的定指性很强,前面用"一个"来修饰的话,"一个+专有名词"的搭配组合会增强"一个"的表数功能^①；而"把个＋专有名词"弱化了它的表数功能，更强调事件结果的"突然性"或者"异常性"。

为什么例（7）可以说，而例（8）则不能说呢？这是因为，例（7）中的"教书"是一个离合词，"书"在这里并非实义名词，"教个书"可以看作某项职能或者某个事件，"一个书"则没有这种用法。同理还有"唱个歌"或者"跳个舞"。如可以说"把个歌唱好""把个舞跳好"，但不能说"把一个歌唱好""把一个舞跳好"。

为什么例（9）能说，而例（10）不可以说呢？因为"崴脚"是一个消极事件，是大家不希望看到的，虽然在表示令人遗憾或者出人意料的结果时可以用"把＋一个 O"结构，但是"奶奶把一个脚崴了"的语义重点似乎是在强调"崴"了的脚是"一个"而不是"两个"，所以除非是强调计数功能，否则一般情况下例（9）不能说。而去掉"一"之后的"奶奶把个脚崴了"，其语义重点是在强调事件结果出人意料，具有"异常性"，所以例（10）可以说。

例（11）之所以能说，是因为该句表明了说话人对某件事情的发生或者造成的结果感到不解或疑惑，加上数词"一"以后，语义重点发生了转移，似乎在强调为什么只放"一个手机"而不是"两个手机"，逻辑上不成立。跟例（11）情况相同的句子还有：

（13）你怎么把个文件放在这儿啊？

（14）你怎么把个孩子抱到办公室来了？

（15）＊你怎么把一个文件放在这儿啊？

（16）＊你怎么把一个孩子抱到办公室来了？

例（13）和例（14）同样表明了说话人对某事件的发生感到不解。加上数词"一"后，例（15）和例（16）在逻辑上不成立，所以句子也就不合法了。

---

① "东方红，太阳升，中国出了个毛泽东"一句中，"出了个毛泽东"突出了事件的"异常"性；如果换成"出了一个毛泽东"，则突出的是表数功能。

第六部分　"把"字句的使用和限制

37. "把"字句的语用条件是什么？

"把"字句是汉语中比较独特的一种句式，在其他语言中，很少有类似的句法结构能与之对应。由于它结构复杂，表义丰富，留学生在习得该句式时常常不得其要领，对于"把"字句的使用也常常望而生畏。可是对于以汉语为母语的中国人来说，"把"字句的使用却是再自然不过的事情了，不论是在口语表达还是在书面语表达中，"把"字句的使用频率都非常高。那么，我们在表达时为什么常常会用到"把"字句呢？这就需要研究者从句法、语义、语用等多方面对"把"字句做进一步的合理观察、合理描写、合理解释，搞清楚什么情况下必须用"把"字句，什么情况下不能用"把"字句，什么情况下可用可不用"把"字句，在可用可不用"把"字句的情况下，用与不用在意义表达上有什么差异等等。

众所周知，语法往往是人们对真实世界范畴化认知的结果，语法形式往往反映人们对真实世界的认知逻辑。汉语的"把"字句就体现了汉语母语者观察世界的视角和言语编码的方式。说话人之所以要选择使用"把"字句，是因为他要通过这样的结构形式来表达他想表达的语义。

当说话人既想强调某一事物的变化或影响，又想指明造成该变化或影响的动作者或责任者时，通常会使用"把"字句。例如：

（1）爸爸修好了空调。

（2）爸爸把空调修好了。

例（1）（2）都表示"爸爸"通过动作"修"对"空调"施加了作用和影响，使得"空调修好"了。但很明显，两句的语义是有区别的。我们可以通过增加语境的手段来鉴别一下：

（3）a：空调（修）好了吗？／空调怎么样了？

　　　b_1：？爸爸（已经）修好了空调。

　　　b_2：爸爸（已经）把空调修好了。

当"空调"作为话题出现在问句 a 中时，很显然，用 b_2 的"把"字句来回答是更合适的。这说明，与一般的"主—动—宾"句 b_1 相比，"把"字句强调了句子之间的因果关系和语义联系，"把"字有承上启下的作用，它对篇章的依赖性更强。所以，"把"字句的语用意义只有通过篇章的上下关联分析才能准确地把握。

具体来说，假如有两个事物"N_1"和"N_2"，有以下两种情况时要使用"把"字句：

一、在说话人看来，如果"N_2"在"N_1"的直接影响或者间接影响下发生了某种变化或者产生了某个结果，这时候常常用"把"字句来表达。我们可以假设这样几个场景：

场景一：几个孩子在房间里打闹嬉戏，房间里乱七八糟。

在说话人看来，"房间里乱七八糟"这个状态是由"几个孩子在房间里打闹嬉戏"这一事件造成的，于是就可以用"把"字句建立起前一个事件跟后一个状态之间的关联。

（4）孩子们在房间里打闹嬉戏，把房间搞得乱七八糟。

场景二：几个孩子在房间里打闹嬉戏，妈妈心烦意乱。

在说话人看来，"妈妈心烦意乱"这个状态同样是由"孩子们在房间里打闹嬉戏"这一事件造成的，于是同样可以用"把"字句建立起前一个事件跟后一个状态之间的关联。

（5）孩子们在房间里打闹嬉戏，把妈妈弄得心烦意乱。

以上两个场景中，虽然后一个状态的产生并非出自前一个事件主体（"孩子们"）的本意，可能只是无意中造成的结果，但在说话人看来，前一个事件对后一个状态的产生是负有责任的。所以两者之间就用"把"字句关联了起来。

场景三：妈妈吃完饭了。妈妈洗碗。碗洗得很干净。

在说话人看来，"碗洗得很干净"这一状态是事件主体"妈妈"有意为之的结果，要建立起事件与状态之间的联系，同时凸显"碗"的变化，就必须用"把"字句来进行关联。

（6）妈妈吃完饭后把碗洗得很干净。

场景四：妈妈吃完饭了。妈妈洗碗。碗被打碎了。

在说话人看来，"碗被打碎了"这一状态是事件主体"妈妈"无意造成的结果，要建立起事件与状态之间的联系，同时凸显"碗"的变化，也必须用"把"字句来进行关联。

（7）妈妈吃完饭后洗碗时把碗打碎了。

二、在说话人看来，为了实现某个目标或者达到某种目的，就需要采取各种手段，这时候常常用"把"字句来表达。

场景一：开始上课了，老师对学生说：

（8）玛丽，请把书打开。

这里隐含的意思是：要开始讲课了，需要打开书。所以"把书打开"其实是后一事件"要上课了"开展的手段。这句话也可以说成：

（9）玛丽，请把书打开，要上课了。

场景二：下雨了，妈妈对孩子说：

（10）宝贝儿，把窗户关上。

这里隐含的意思是：下雨了，为了避免雨水进到屋里来，需要"把窗户关上"。这句话也可以说成：

（11）宝贝儿，把窗户关上，下雨了。

场景三：爸爸生气了，瞪着眼睛，不说话。

"瞪眼睛"是一种方式或者手段，后面的"不说话了"才是说话人想要表达的重点。所以这句话可以说成：

（12）爸爸把眼睛一瞪，不说话了。

类似的也可以说：

（13）小林生气了，把桌子一拍，跳了起来。

由以上例子可以看出，"把"字句的使用都是有目的的，常常是跟上下文有关联的；而且，相对来说，"把"字句体现了说话人更强的表达态度，说话人常常通过"把"字句来表达他的评价、判断等主观情绪。

38. 哪些动词不能用在"把"字句中？

在留学生的语言训练中，经常会出现以下一些句子。例如：

（1）＊我把床躺了一会儿。

（2）＊周六我把手机玩了一下午。

（3）＊大家把这个计划同意了。

（4）＊马可一到中国就把北京去了。

（5）＊我把我女朋友喜欢了。

（6）＊玛丽回到宾馆把沙发坐了一会儿。

很明显，以上几句都是"把"字句的错误用例。那么，这几例"把"字句主要错在哪里呢？

我们知道，"把"字句，着重强调动作行为对"把"的宾语施加影响，使之产生某种结果、发生某种变化或处于某种状态。能对宾语施加影响的通常都是动作性强的动词。一般来说，"把"字句中最常见的动词是那些有处置意义的及物动词。反言之，凡是不能使"把"的宾语产生某种结果、发生某种变化或处于某种状态的动词，也就是动作性比较弱的动词，是不能用于"把"字句的。

例（1）～（6）中的动词"躺、玩、同意、去、喜欢、坐"等都是动作性较弱的动词，所以都不能用在"把"字句中。

例（1）～（6）可以分别改为：

（1´）我在床上躺了一会儿。

（2´）周六我玩了一下午的手机。

（3′）大家同意这个计划。

（4′）马可一到中国就去了北京。

（5′）我很喜欢我女朋友。

（6′）玛丽回到宾馆在沙发上坐了一会儿。

究竟有哪几类动词不能用于"把"字句呢？

首先，"把"字句的动词必须是及物动词，不及物动词是不能用在"把"字句中的。所谓不及物动词是指后面不能带宾语的动词。跟及物动词相比，不及物动词的数量是比较少的。例如：

着想、出现、毕业、微笑、出发、旅游、聊天儿、见面、发生、死、站、坐、躺……

例（7）（8）都是错误用例：

（7）＊地铁上的人太多了，我把地铁站了很久。

（8）＊下班回到家，我终于可以把沙发坐了。

正确用例应该是：

（7′）地铁上的人太多了，我在地铁上站了很久。

（8′）下班回到家，我终于可以坐在沙发上了。

其次，动作性比较弱的及物动词也不能用在"把"字句中。具体来说，主要有以下几类：

第一，感知动词。例如：

看见、听见、感到、感觉、觉得、认为、以为、知道、懂得……

例（9）（10）都是错误用例：

（9）＊下班路上我把老师看见了。

（10）＊我把妈妈教给我的道理懂得了。

正确用例应该是：

（9′）下班路上我看见了老师。

（10′）我懂得了妈妈教给我的道理。

第二，表示存在或等同义的判断动词。例如：

有、在、是、不如、等于、像、好像、属于、姓、意味着、相当于……

例（11）（12）都是错误用例：

（11）＊我终于把这本词典有了。

（12）＊我把北京在了。

正确用例应该是：

（11′）我终于有这本词典了。

（12′）我在北京。

第三，表示心理感受的心理动词。例如：

喜欢、同意、生气、关心、害怕、愿意、爱惜、担心、感谢、后悔、满意、热爱、想念、讨厌、同情、羡慕、相信、爱、恨、怕……

例（13）～（15）都是错误用例：

（13）＊我把爸爸周末去爬山的建议同意了。

（14）＊这个孩子太坏了，全班同学都把他讨厌。

（15）＊自从第一眼看到他，我就把他喜欢了。

正确用例应该是：

（13′）我同意了爸爸周末去爬山的建议。

（14′）这个孩子太坏了，全班同学都讨厌他。

（15′）自从第一眼看到他，我就喜欢他了。

第四，表示动作方向的趋向动词。例如：

来、去、上、下、起来、过来、过去、出来、出去、进来、进去、到达、离开……

例（16）（17）都是错误用例：

（16）＊麦克把苏州去了两次。

（17）＊爸爸提前把火车下了。

正确用例应该是：

（16′）麦克去了两次苏州／麦克去苏州去了两次。

（17′）爸爸提前下了火车。

第五，表示意愿、能力或判断的助动词。例如：

想、愿意、肯、应该、必须、得（děi）、能、可以、会……

　　总之，除了不及物动词不能用于"把"字句以外，以上五类及物动词在一般情况下也都不能用于"把"字句，但这并不是绝对的。有些心理动词也是可以进入"把"字句的。例如：

　　（18）这事儿把爸爸给气得不行。

　　（19）没答应这门亲事，把老张悔得肠子都青了。

　　（20）你看看，都把他愁成什么样了？

　　另外，虽然上述几类动词在"把"字句使用中是受限的，但这并不意味着其余的动词都可以无条件地进入"把"字句。

　　由于"把"字句的核心是谓语动词，"把"字句中动词使用的合法性不仅跟动词本身有关，还跟动词前后连接的成分有关；不仅受到句法结构的条件限制，也受到谓语动词语义特征的条件限制。也正因为如此，谓语动词进入"把"字句的条件并非是整齐划一的，这也是"把"字句句法语义的复杂性所在。后面我们还会针对具体句子进行具体分析。比如在"S+把+O+V+了"中应该用什么样的动词，在"S+把+O+V+着"中应该用什么样的动词等等。"把"字句不同的下位句式要求进入句式的动词必须满足不同的条件。这就要求教师在一开始讲解"把"字句时，就有必要让学生知道不是所有的动词都可以用在"把"字句里，而且，"把"字句不同的下位句式对动词的要求也是不同的。

39. 为什么不能说"我把饭吃"？

　　很多学生在刚刚学习"把"字句时，常常会犯这样的一些错误：

　　（1）＊我把饭吃。

　　（2）＊他把书看。

　　（3）＊妈妈把我推。

　　（4）＊你把这杯奶喝吧。

　　（5）＊我把这个问题想。

　　例（1）～（5）中的谓语动词"吃、看、推、喝、想"都是单个动词，即光杆动词，这不符合"把"字句对动词用法的要求："把"字句的谓语不能是单个动词，尤其是单音节动词。这是为什么呢？因为"把"字句大多数情况下都是在强调动作对"把"的宾语所产生的影响，即谓语动词所表示的动作对"把"字宾语产生一定的作用，这种作用使得"把"的宾语处于相应的状态、产生相应的结果或发生相应的变化。也就是说，要让"把"字句成立，最基本的条件就是句中的谓语动词或整个动词结构能够使"把"的宾语产生变化，而光杆动词无法体现出这一影响和变化。所以，为了突出强调谓语动词对"把"的宾语施加的影响或宾语产生的变化，就必须要在谓语动词后增加一些补语成分或者"着、了、过"等助词，也可以在谓语动词前加一些状语等。例如：

（6）我把饭吃了。

（7）他把书看完了。

（8）妈妈把我往外推。

（9）你把这杯奶喝了吧。

（10）我把这个问题想了一下。/ 我把这个问题想清楚了①。

动词前后添加这些成分以后句子的谓语动词增加了时体意义和完结意义，整个句子具有了现实性，"把"字句也就能够成立了。

40. 为什么不能说"他把房子盖了"？

我们先看以下八个句子：

（1）他把房子拆了。

（2）他把小说还了。

（3）他把手机卖了。

（4）他把香蕉吃了。

（5）*他把房子盖了。

---

①　这句话中的"想"不是感知动词，而是表示思考义的动作动词。作为感知动词的"想"即使后面添加上补语成分也不能进入"把"字句的。例如，我们不能说"你把我想一下"或者"你把我想清楚"。

（6）*他把小说借了。

（7）*他把手机买了。

（8）*他把香蕉拿了。

在"把"字句中，有一类陈述式"S＋把＋O＋V了"句式，谓语动词在没有任何状语修饰的情况下后边直接加"了"，就可以构成语义完整的句子，其中的谓语动词多是单音节动词。例（1）～（8）中的谓语动词都是单音节动词，可是为什么例（1）～（4）可以说，而例（5）～（8）却不能说呢？这与句中动词的语义特征直接相关。例（1）～（4）中的动词"拆""还""卖""吃"都具有［＋使消失］的语义特征，而例（5）～（8）中的动词"盖""借""买""拿"都具有［＋使出现］的语义特征。两组动词的语义特征是严格对立的。为什么当动词具有［＋使消失］的语义特征时，句子就能成立？而动词具有［＋使出现］的语义特征时，句子就不能成立了呢？

从认知上来说，一个进入到"消失"阶段的事物应该是已经"出现"或"存在"的事物，是我们都知道的某个事物，它应该是已知的、有定的；而一个进入到"出现"阶段的事物，在"出现"之前，应该是我们都不知道或者不了解的某个事物，它应该是未知的，无定的。这种认知规律符合一般人的推理逻辑。

在"把"字句中，"把"的宾语一般由定指度比较高的成分来充当。"把"的宾语的"有定性"特征是"把"字句的句式特征之一，所以在"S＋把＋O＋V（单音节）＋了"这类陈述式"把"字句中，如果动词"V"具有［＋使消失］或者［＋使分离］的语义特征，即使动词后只接"了"，在结构上也是允许的。例如：

（9）他把衣服脱了。

（10）他把垃圾倒了。

（11）他把东西扔了。

（12）他把快递寄了。

（13）他把可乐喝了。

反之，这类"把"字句中的动词"V"不能具有［＋使出现］的语义特征，否则句子是不合法的。例如：

（14）＊他把衣服穿了。

（15）＊他把垃圾拾了

（16）＊他把东西捡了。

（17）＊他把快递收了。

（18）＊他把可乐拿了。

有的时候，谓语动词所具有的这种［＋使消失］或者［＋使分离］的语义特征，并非物理世界中的"消失"，而是一种心理或意念上的"消失"。比如动词"忘"对"把"的宾语造成的"消失"义其实就是一种心理上的"消失"。例如：

（19）他把这事忘了。

（20）＊他把这事记了。

动词"V"具有［＋使消失］或者［＋使分离］的语义特征是保证陈述式"S＋把＋O＋V（单音节）＋了"句式合法性的条件之一。另外，还有一类动词也可进入此句式，它们通常具有［＋使受损］的语义特征，也就是使"把"的宾语受到损失。这类句子常表示贬义或者消极意义。例如：

（21）他把信撕了。

（22）他把杯子打了。

（23）他把人撞了。

（24）他把车砸了。

（25）他把我害了。

例（21）～（25）中的动词"撕""打""撞""砸""害"表达的都是毁坏义或者受损义等消极语义，"把"的宾语都受到了负面的影响。

陈述式"S＋把＋O＋V（单音节）＋了"句式还有一种情况是动词既不具有［＋使消失］或者［＋使分离］的语义特征，也不具有［＋使受损］的语义特征，但这类单音节动词本身就隐含着积极的结果义，如"洗""擦""修"等。例如：

（26）他把衣服洗了。

（27）他把桌子擦了。

（28）他把路修了。

例（26）～（28）中的动词"洗""擦"和"修"并没有使"衣服""桌

子""路"消失或分离，而是改变了"衣服""桌子"和"路"的性质或状态，并且隐含或者默认了积极的结果，即"衣服"被洗干净了，"桌子"被擦干净了，"路"被修好了。整个句子表达的是一种积极的情感。

由此可见，能进入陈述式"S+把+O+V+了"句式的单音节动词有三种类型：一是具有［＋使消失］或者［＋使分离］的语义特征的动词，二是具有［＋使受损］［＋使毁坏］的语义特征的动词，三是具有［＋默认积极结果］的语义特征的动词。

41. "他把房子盖好了"为什么能说呢?

上文我们刚刚说到过，"他把房子拆了"可以说，"他把房子盖了"却不能说，是因为在"S+把+O+V+了"这类"把"字句中，动词"V"不能具有［＋使出现］的语义特征，否则与"把"的宾语的"有定性"相矛盾。

那为什么"他把房子盖好了"又能说了呢? 这是因为句子中出现了动补短语。动补短语本身包含了行为及其结果，即它的前一部分表示行为，后一部分表示该行为带来的结果。众所周知，动补短语的语义重心通常是放在补语上的，补语的加入使得述语成分的语义内涵和表述功能发生了变化。相应地，名词的指称性质也有所变化，其定指性有所增强。(任鹰，2007)"他把房子盖好了"这一句中，"盖好"这一"动词＋结果补语"的结构形式使得整个动作的过程性增强，动作过程性的增强就促使"把"后的名词"房子"的有定性大大增强。很难想象，被一个具有较强过程性动作处置的事物却不是定指名词，这不太符合常理。

类似的用法还有：

（1）他把衣服穿好了。

（2）* 他把衣服穿了。

（3）他把车票买好了。

（4）* 他把车票买了。

（5）他把老师的话记下了。

（6）* 他把老师的话记了。

（7）他把车子停路边了。

（8）* 他把车子停了。

例（1）～（8）中，动补结构的加入使这些"把"字句都具有了合法性。在叙述一个事件发生的陈述性"把"字句中，表结果的补语成分和体现事件完成的时体标记"了"都是非常重要的，它们常常共同促成陈述性"把"字句的完成。

由此可见，"把"字句成立与否，并非单纯看"把"后宾语的语义特点或者"把"字句中动词的语义特点，很多时候要受到各构成成分的互相制约。"把"字句中的谓语动词、动词后的补充成分以及"把"的宾语之间往往互相牵制。

这类"V＋补语＋了"结构形式，可以用在陈述性"把"字句中，却不能用在祈使性"把"字句中。例如：

（9）* 你把房子盖好了！

（10）* 你把机票买回来了！

（11）* 你把车子停路边了！

例（9）～（11）之所以不能成立，是因为祈使句中的"了"并非完成体标记"了"，而是表示祈使语气的"了"。一旦用了表示结果的补语成分，句末就不能再加表示祈使语气的"了"了。这说明祈使句中动词后的结果补语成分和表祈使语气的"了"在语义上是冲突的。结果补语表示完成，表祈使语气的"了"是表示催促对方做某事的未然体标记，所以二者不能同现。

但是，如果采用"动词＋补语"的形式就可以说了。例如：

（12）你把房子盖好！

（13）你把机票买回来！

（14）你把车子停路边！

42. 为什么不能说 "他把车子保养了" ？

前面我们刚刚分析了陈述性 "S+把+O+V（单音节）+了" 句式，这一节我们来分析一下陈述性 "S+把+O+VP+了" 句式。

这一类句式中的 "VP" 主要是双音节形式（包括动词和短语），也有三音节形式。是不是汉语中表示动作类的双音节动词都可以用在这类 "S+把+O+VP+了" 句式中呢？请看：

（1）*他把车子保养了。

（2）*他把孩子照顾了。

（3）*他把行李准备了。

（4）*他把行程安排了。

为什么这四句都不能说呢？这是因为这四个句子中的双音节动词 "保养""照顾""准备""安排" 都只表示动作，不含结果义。如果动作本身没有蕴含结果，那么它就不能借助表示完结意义的助词 "了" 来体现结果。如果在四个动词后面加上表示结果义的补语 "好"，这四个句子就都能说了。例如：

（5）他把车子保养好了。

（6）他把孩子照顾好了。

（7）他把行李准备好了。

（8）他把行程安排好了。

那为什么下面这些双音节动词可以用在 "S+把+O+VP+了" 句式中呢？请看：

（9）他把困难克服了。

（10）他把户口落实了。

（11）他把要求提高了。

（12）他把大火扑灭了。

（13）他把前妻抛弃了。

（14）他把矛盾激化了。

（15）他把病人隔离了。

（16）他把机会放弃了。

因为这些句子中的双音节动词本身已经包含了结果义，所以就不需要再通过添加补语来体现结果了，后面再加上结果补语，句子反而不能成立。例如：

（17）*他把困难克服好了。

（18）*他把要求提高好了。

（19）*他把大火扑灭好了。

（20）*他把前妻抛弃好了。

同类动词还有"加强、加快、改善、扩大、减少、降低、夸大、说服、破坏、延长、放大、提前、推广、缩短、增强、摆脱、压缩、澄清、冻结、解开、毁坏、埋没、抛弃、扑灭、修复、点燃、加剧、收复、忘却、振兴、送还、推迟、提高、打通、推翻、撤销、分开、吞没"等。

从构词类型上看，这些动词有的是动补式动词，如"加强、改善、扩大"等等，还有一些是并列式动词，如"埋没、振兴、送还"等等。但不管结构关系如何，这些动词都具有结果性，因此都能在"把"字句句末加"了"表示结果的实现。

有不少动结式动词可以直接用在祈使性"把"字句中。如果用在陈述性"把"字句中，就必须在句子末尾加上"了"。例如：

（21）快把他俩分开！（我把他俩分开了。）

（22）把火点燃！（姐姐把火点燃了。）

（23）把这两个房间打通！（工人们把这两个房间打通了。）

除了动结式动词以外，动结式短语（通常是双音节形式）也可以用于"S+把+O+VP+了"句式。比如：

"V好"类动结式短语：写好、做好、缝好、修好……

"V死"类动结式短语：饿死、吓死、气死、累死……

"V坏"类动结式短语：吓坏、弄坏、修坏、压坏……

"V 疼"类动结式短语：撞疼、打疼、弄疼、写疼……

"V 完"类动结式短语：吃完、看完、卖完、洗完……

"V 丢"类动结式短语：搞丢、弄丢、走丢、跟丢……

"V 砸"类动结式短语：考砸、弄砸、演砸、办砸……

"V 破"类动结式短语：摔破、碰破、磨破、割破……

这类动结式短语可以比较自由地用于"S＋把＋O＋VP＋了"句式。例如：

（24）他把孩子弄丢了。

（25）他把手指磨破了。

（26）他把事情搞砸了。

还有一类词也可以进入"S＋把＋O＋VP＋了"句式，那就是后面加后缀"化"的动词。这类词以三音节为主。如："扩大化、绝对化、简单化、庸俗化、复杂化、形式化"等等。例如：

（27）他把我们的关系庸俗化了。

（28）他把问题简单化了。

（29）他把事情复杂化了。

（30）他把影响扩大化了。

总之，用在"S＋把＋O＋VP＋了"句式中的动词结构"VP"，主要包括三种形式：一是动结式动词，二是动补短语，三是加后缀"化"的动词。这三类结构都有一个共同的特征，即结构本身就已经具有了结果义。有些动补短语虽然带的是程度补语，但其实表达的也是一种广义上的结果，比如"气死""累死"等。这三类结构用在"S＋把＋O＋VP＋了"句式中时，都体现出了结果义的实现，这与"把"字句的句式特征相契合。

以上各例体现的都是"S＋把＋O＋VP＋了"句式中比较典型的论元关系，即"S"为广义上的施事，"O"为广义上的受事，这种典型论元关系是比较常见的，还有一些非典型的论元关系。例如：

（31）这些方便面把我吃腻了。

（32）这本小说把她看哭了。

（33）这些衣服把大衣柜都塞满了。

例（31）和（32）中的主语"这些方便面""这本小说"都是受事，两句中的宾语"我""她"都是施事，例（33）中的主语"这些衣服"是受事，宾语"大衣柜"是动作"塞"的处所。这些具有非典型论元关系的"把"字句的使用频率，虽然没有具有典型论元关系的"把"字句高，但也是不能回避的。

43. 为什么不能说"她把孩子生了"？

前文我们提到，从认知规律上来说，一个进入到"消失"阶段的事物应该是已经"出现"或"存在"的事物，是我们都知道的某个事物，它应该是已知的、有定的；而一个进入到"出现"阶段的事物，在"出现"之前应该是我们都不知道或者不了解的事物，它应该是未知的、无定的。例如：

（1）* 她把孩子生了。

（2）她把孩子丢了。

（3）她把孩子杀了。

例（1）之所以不能成立，是因为不符合"把"字句的使用要求。动词"生"具有［＋使出现］的语义特征，所以该句中的宾语"孩子"的无定性与"把"的宾语的"有定性"特征相矛盾。而例（2）和例（3）中的动词"丢"和"杀"都具有［＋使消失］的语义特征，使得这两句中的宾语"孩子"具有了"有定性"。

虽然例（1）不能成立，我们却可以这样说：

（4）她把孩子生下来了。

（5）她把孩子生在了火车上。

（6）她把孩子生在了美国。

同样是动词"生"，为什么例（4）～（6）却可以成立呢？这是因为动词"生"后有趋向动词做补语或者介词短语做补语，补语的参与促成了动作结果的完成，使得"把"的宾语"孩子"的指称性大大增强。

那么，例（5）和例（6）在语义上有什么区别呢？两句的区别主要看动词表示的动作是"有意为之"还是"无意为之"。对比两个句子，可以发现例（5）"把孩子生在了火车上"一定是"无意为之"的行为，因为没有人愿意看到这样的结果；而例（6）就不一定了，它在语义上是两可的，既可以解读为"无意为之"，也可以解读为"有意为之"。具体怎么理解，要根据语境来判断。例如：

（6′）a. 她没想到，她把孩子生在了美国。（无意为之）

　　　b. 这下她该满意了吧？她把孩子生在了美国。（有意为之）

跟例（4）～（6）类似的句子还有一些。例如：

（7）* 奶奶把毛衣织了。

（8）* 这孩子把字写了。

例（7）（8）都不能成立。因为"毛衣"和"字"在动作发生之前还未出现。但如果换成以下几句，就可以成立了：

（9）奶奶把毛衣织好了。

（10）这孩子把字写完了。

（11）奶奶把毛衣织得又肥又长。

（12）这孩子把字写得歪歪扭扭的。

例（9）～（12）中，动补短语的参与增强了句中名词的"有定"性。只不过，像例（11）和例（12）这类"S＋把＋O＋V＋补语"陈述句更倾向于被理解成具有"出乎意料"的负面语义，因为没有人愿意主动造成事态的消极结果。如果换成"奶奶把毛衣织得又保暖又时尚"或者"这孩子把字写得又大又整齐"，在认知上人们更倾向于理解成句中的积极结果是主语通过主观努力而达成的。

另外，如果赋予它们祈使句的句类环境，语义理解也会不同。例如：

（13）你别把毛衣织得又肥又长！

（14）你别把字写得歪歪扭扭的！

这两例祈使性"把"字句表明了说话人对"把"字句的主语进行规劝，是对尚未发生的动作进行及时劝阻，并无"出乎意料"的负面语义。

由此可见，"把"字句合法与否，不仅与句中的名词、动词有关，也和"把"

字句的句法环境或句法条件有关系。比如在孤立的"S＋把＋O＋V＋了"句式中，"O"所表示的事物必须是动作行为发生之前就已经存在的，否则是不能进入该句式的。如上文的例（1）、例（7）和例（8）。但如果把"S＋把＋O＋V＋了"作为一个小句成分，就可以成立了。例如：

（15）我想在找到工作之前把孩子生了。

（16）把字写了再上床睡觉！

当我们把"S＋把＋O＋V＋了"句式换成"S＋把＋O＋V＋补语"句式后，则对"O"表示的事物没有动作行为发生前后的限制。只是当这类句式在语义上倾向于被理解成具有"出乎意料"的负面性语义时［如例（11）和例（12）］，如果用于祈使句，则通常是否定性的，这样会使"出乎意料"的负面性语义受到压制，突显对尚未发生的动作行为的劝阻，如例（13）和例（14）。

44. 为什么不能说"我们把酒喝在酒吧里"？

在"S＋把＋O＋V在＋L"句式中，学生常常会出现以下一些偏误：

（1）＊我们把酒喝在酒吧里。

（2）＊我们把水果买在超市。

（3）＊我把饺子吃在小吃店里。

（4）＊地震的时候，我们把饭吃在帐篷里。

例（1）～（4）应该分别改为：

（5）我们在酒吧里喝酒。

（6）我们在超市买水果。

（7）我在小吃店里吃饺子。

（8）地震的时候，我们在帐篷里吃饭。

造成偏误的原因主要是学生分不清"在＋L＋VP"和"VP＋在＋L"。

"在＋L＋VP"中的"L"倾向于被理解为动作或事件发生的处所，而"VP＋在＋L"中的"L"倾向于被理解为物体运动到达的处所。这种结构上的分布模式体现了认知语言学所说的"时间顺序象似性原则"[①]。

由于"在+L+VP"这一结构本身表现的是在某一处所范围内所发生的动作或所呈现的状态，其动作或状态都没有离开这一特定范围，即使有位移，也是发生在这一特定范围内的。因此，我们将这种在处所内发生的移动的位移路径视为零，也就是说，可以将这类动词理解为不具备位移性。例如：

（9）妈妈在院子里洗衣服。

（10）孩子们在舞台上唱歌。

（11）我们在酒吧喝酒。

（12）我们在超市买水果。

这里的动作行为"洗衣服""唱歌""喝酒""买水果"都发生在前面的处所范围之内。也正因如此，进入这一结构的动词基本上是没有限制的。以例（9）为例，我们可以用不同的动词进行变换，如"妈妈在院子里晾衣服""妈妈在院子里扫地""妈妈在院子里休息""妈妈在院子里跳舞""妈妈在院子里跑步"等等。

而"VP+在+L"这个结构表达的是"（致使）某一对象通过位移运动到达某个处所"，用在"把"字句中，正好契合了"把"字句的其中一个语义，即"致使某一对象发生位移"。所以进入该结构的动词都是具有位移义的。例如：

（13）我把手机放在桌子上了。

（14）他把画挂在墙上了。

（15）她把胳膊搭在椅背上。

"手机""画"和"胳膊"都发生了位移才到达了终点"桌子上""墙上"和"椅背上"。对比而言，例（1）～（4）中的动词"喝""买"和"吃"都不具有位移性，几个处所词"酒吧里""超市""小吃店里"和"帐篷里"也就不具备"终点"义，所以例（1）～（4）都不能成立。

---

① 时间顺序象似性原则可以表述为：两个句法单位的相对次序决定于它们所表示的概念领域里的状态的时间顺序。如"张三上楼睡觉"的句法排列依据的是先"上楼"后"睡觉"的时间顺序。详细论述见戴浩一（1988）。

45. 为什么不能说"他把这个孩子带操场"?

先看以下几例"S+把+O+V+L"句式:

(1)我把书放在这儿。

(2)你别把垃圾扔到地上!

(3)弟弟把茶递到我手里。

以上三句中动词后面跟的是介词"在"和"到"。如果是在更加随意轻松的口语环境下,动词后面的介词"在""到"都可以脱落,三句话可以变换成:

(4)我把书放这儿。

(5)你别把垃圾扔地上!

(6)弟弟把茶递我手里。

那么,是不是所有的"S+把+O+V在/到+L"句式都可以缺省为"S+把+O+V+L"呢?

我们再看下面的句子:

(7)他把这个孩子带到操场。

(8)*他把这个孩子带操场。

例(8)中的介词"到"脱落后句子不能成立。这说明并非所有动词后面的介词都能脱落,也就是说,在"S+把+O+V在/到+L"句式中,"在"或"到"的脱落是有条件的。

我们知道,"S+把+O+V+L"句式可以分为位置句和位移句两类,两类不同句式的差异往往是由句中动词的不同性质造成的。在"S+把+O+V+L"句式中,动词的不同性质反映出了动词移动性功能的强弱。动词的移动性功能主要与表示处所的"L"、表示事物存在或者事物移动的"V"、表示动作主体的"O"等因素有关。

通过观察"S+把+O+V+L"句式中动介式和动趋式(也就是位置句和位

移句）各自表现出来的句式特征，我们发现，"S＋把＋O＋V＋L"句式中动词后的介词或趋向动词能否脱落与动词的移动性功能有关，或者说，动词的移动性功能对介词或趋向动词的脱落有较大影响。

位置句和位移句中的动词可根据其移动功能的强弱，分为位移动词和非位移动词。其中，位移动词又可分为自移动词、他移动词和伴随移动词三种。（齐沪扬，1998）

非位移动词后的介词或者趋向动词常常脱落。例如：

（9）我把车子锁在食堂门口了。→我把车子锁食堂门口了。

（10）他把感情藏在心里。→他把感情藏心里。

这两句中的"锁""藏"都是非位移动词，即这两个动词没有位置上的移动，而是固定在某一地点上的持续性动作。这一类动词都可以替换为"在＋L＋V＋着"，如"在食堂门口锁着""在心里藏着"。这一类词还有"贴""挂"等。例如：

（11）爸爸把所有的奖状都贴（在）墙上了。

（12）你赶紧把湿衣服挂到阳台上吧！

他移动词后的介词或者趋向动词也比较容易脱落。例如：

（13）这孩子放学一回到家就把书包扔（到）沙发上了。

（14）妈妈到家后我赶紧把泡好的茶递（到）她手里。

这两句中的"扔""递"都是他移动词，即"把"的宾语发生了位移，这一类动词都不能替换为"在＋L＋V＋着"。同类动词还有"塞""传"等。例如：

（15）他把纸条塞（到）我手里就跑了。

（16）快把皮球传（到）她手里！

自移动词后的介词或者趋向动词也常常脱落。例如：

（17）玛丽昨天玩手机时不小心把手机掉（到）水里了。

（18）我结账时把银行卡落（在）前台了。

这两句中的"掉""落"都是自移动词，即非自主的偶发性动词。通常表达的是一些意料之外的消极事件。同类动词还有"翻""碰"等。例如：

（19）他不小心把车翻（到）沟里了。

（20）她没留神把一个碟子碰（到）地上了。

伴随移动词后的介词或者趋向动词通常是最不容易脱落的。例如：

（21）你赶紧把孩子领回家吧。→*你赶紧把孩子领家吧。

（22）你开车把客人送到机场吧。→*你开车把客人送机场吧。

（23）孩子出国那么久了，你赶紧把他接回上海吧。→*孩子出国那么久了，你赶紧把他接上海吧。

这三句中的"领""送""接"都是伴随移动词。所谓伴随移动词，意思是不仅"把"的宾语"孩子""客人""他"产生了位移，而且"把"的主语"你"也随之一起发生了位置的移动。同类动词还有"带""抱"等。"他把这个孩子带到操场"中的介词之所以不能脱落，就是因为动词"带"是伴随移动词。如果一定要脱落的话，需要在原句中"L"后面加上方位词，或者在句末加上完句成分"了"。例如：

（24）他把这个孩子带到操场了。——他把这个孩子带操场上了。

（25）他把小狗抱到我们家了。——他把小狗抱我们家里了。

（26）他把车开上马路了。——他把车开马路上了。

例（22）中的"送"具有伴随移的语义特征，所以"送"后的介词"到"是不可以脱落的；可是下文的例句中，同样一个动词"送"，语义特征不同，动词后成分的脱落情况却并不一样。例如：

（27）我可不想把你送到刑场上。——我可不想把你送刑场上。

例（27）中动词"送"后的介词"到"可以脱落，是因为此句中的"送"并不适合理解为具有伴随义的语义特征，而是适合理解为具有虚指意义的动词，具有非伴随义的语义特征，即施动者不一定去"刑场"。与此类似的例子还有：

（28）父母辛辛苦苦赚钱是为了把他送到国外去。——父母辛辛苦苦赚钱是为了把他送国外去。

为什么例（28）中的介词"到"脱落以后句子还是能成立呢？因为这一句的动词"送"更倾向于被理解为非伴随移动词，也就是说，施动者"父母"不一定也去国外，这个"送"是虚义动词。当被理解为非伴随移动词时，动词"送"后的介词"到"是可以脱落的。

可以看出，根据动词后介词或趋向动词脱落的难易程度，不同的动词分布在一个连续统中。非位移动词后的介词或趋向动词最容易脱落，伴随移动词后的介词或趋向动词最不容易脱落。大致呈如下情况：

非位移动词 > 他移动词 / 自移动词 > 伴随移动词

（锁、藏）　　（扔、递）　　（掉、落）　　（带、送）

46. "把车子开上公路"为什么不能说成
"把车子开公路"？

前面我们刚刚分析过，在"S+把+O+V+L"句式中，动词的移动性功能的强弱会影响动词后介词或趋向动词的脱落。但其实，影响动词后成分脱落的不仅仅是动词的移动性功能，还有其他一些因素。例如：

（1）他把车子开上公路。

（2）* 他把车子开公路。

（3）他把车子开回了车库。

（4）* 他把车子开了车库。

（5）这个队员把球踢进了球门。

（6）* 这个队员把球踢了球门。

例（2）、例（4）和例（6）中动词后的"上""回""进"都不能脱落。前两句我们还可以用动词"开"是伴随移动词来解释，那例（6）呢？动词"踢"是他移动词，在这里仍然不能脱落。但如果在"L"后面加上方位词或者完句成分"了"就可以说了。例如：

（2′）他把车子开公路上了。

（4′）他把车子开车库里了。

（6′）这个队员把球踢球门里了。

这说明，仅仅用动词的移动性功能来解释是不够的。

在"S+把+O+V+L"句式中，动词"V"后最典型的成分是"在"。"尽管'在'字早已在文献中作为动词出现（V前V后均有），但'V在'具有'附着''动作一致性'的语义特点，与'在……V'的关系不明确。"（转引自齐沪扬，2014）赵金铭（1995）考察了现代汉语中的"S+V+（在/到）+NL"句式，除了得出"V在+NL"和"在NL"中的两个"在"并不相同之外，还进一步把"V在"中的"在"看作动词后缀。赵金铭认为，在北京口语中，"S+V+（在/到）+NL"句式中补语位置上的"在/到"有一个弱化形式"·de"，说"·de"比说"在/到"更普遍。在更口语化的句子里，连这个"·de"都省略了。例如：

抓在手里/抓手里　搁在书柜里/搁书柜里

贴到信封上/贴信封上　躺到沙发上/躺沙发上

由此可见，"V在"中的"在"虚化程度更高，已经完成了"动词—介词—后缀"这样一个语法化过程，这是"在"具有脱落形式的主要原因，也是为什么"S+把+O+V在+L"句式中"V"后的"在"最容易脱落的原因。

以往的研究在论述"V"后成分脱落的问题时，都将"V"后成分局限于介词"在"和"到"。其实，"S+把+O+V+L"句式中的"V"后成分不止介词"在"和"到"，还有介词"向""往"、趋向动词"上""下""进""出""回"等等。我们认为，除"在""到"之外的其他成分的脱落也与虚化有关。以"进"和"回"为例：

（7）他把车翻进山沟里了。

（8）他进山沟里找东西。

（9）她把孩子送回家里。

（10）她回家里看望孩子。

例（7）和例（9）中动词V后的"进/回"在语音上读轻声，在语义上虽然也有"从外往里"的意思，但更多表现出的是一种虚化了的"动作一致性"，即"翻"和"进"具有动作一致性，"送"和"回"具有动作一致性。尤其是与例（8）和例（10）对比之后，这种特征表现得更为明显。而例（8）和例（10）两句中的"进/回"在语音上是重读的，并且和动词"找""看望"之间有一种先后关系。所以，"S+把+O+V+L"句式中动词后成分的脱落总是和这些成分本身的语法化①特征联系在一起的。例如：

（11）把孩子放在 / 到¹我那儿。

（12）把花生扔进 / 到²嘴里。

（13）把这孩子抱到²你们家。

（14）把烟雾吐向天花板。

（15）把车开上马路。

（16）把桌上的烟装回自己的口袋。

（17）把坏蛋揪出人群。

（18）把他拉下车。

例（11）～（18）上述例句中有的动词后的成分（如"在、到¹、进、到²"）可以自由地脱落，如例（11）和例（12）；有的（如"到²、向、上、回"）如果脱落的话，则要在处所词语"L"后加上一些方位词或趋向词，如例（13）～（16）；还有的（如"出、下"）则不能脱落，如例（17）和例（18）。考察动词后不同成分的脱落情况，我们发现，这些由介词和趋向动词充当的成分分布在一个连续统中。脱落最容易的是介词"在"和"到"，最难的是趋向动词"下"和"出"。相对于可以与"在"互换的介词"到¹"来说，不能与"在"互换的"到²"脱落起来要稍难些。脱落的难易情况大致如下所示：

在 / 到¹＞到²＞进 / 入 / 上 / 回……＞向 / 往……＞下 / 出……

有三点需要说明：

第一，"进、入、上、回"等的脱落倾向之所以弱于"到"，是因为后者脱落后更容易找回。如"把花生扔嘴里"，"到"即使缺省，也很容易找回来。

第二，"向、往"等虽然也可以脱落，但脱落后与原句意思有差别。例如：

（14）a. 把烟雾吐向天花板。

　　　 b. 把烟雾吐天花板上。

---

① 语法化通常指语言中意义实在的词转化为无实在意义、表语法功能的成分这样一种过程或现象，中国传统的语言学称之为"实词虚化"。"语法化"一词主要偏重于语法范畴和语法成分的产生和形成。"S＋把＋O+V+L"句式中"V"后典型的成分是"在"，"在"的语法化过程与汉语体标记"着"的形成过程密切相关：首先，"在"也能够出现在"动+X+宾"格式中的"X"位置上；其次，"在"也属于补语的一种，是由指动补语发展而来的。详见解惠全（1987）。

（19）a. 把我抬往急救室。

　　　 b. 把我抬急救室去。

两组中 a 句的"L"表示的是物体移动的方向，而 b 句中的"L"表示的是物体移动的终点。"把烟雾吐向天花板"中，"烟雾"移动的方向是"天花板"，但说话时"烟雾"并不一定到达"天花板"；"把烟雾吐天花板上"中的"烟雾"已经到达位移的终点"天花板上"，所以 b 句中的"L"后面一定要加上与移动终点有关的方位词或趋向词，否则，"把烟雾吐天花板""把我抬急救室"都是不成句的。可见，动词后成分脱落前后的句子意思是不同的。

第三，完全不能脱落的是引出动作起点"L"的趋向动词"下""出"等。例如：

（20）老师把这个捣蛋鬼揪出了教室。——*老师把这个捣蛋鬼揪教室。

（21）朋友看到他后一把把他拉下车。——*朋友看到他后一把把他拉车。

表动作起点的"V+L"只是在句法形式上跟表动作方向和终点的"V+L"相同，在语义表达上跟后者却是完全不同的，它表示的是"从+L+V"，如"从教室揪出""从车上拉下来"等，所以当趋向动词"下""出"引出的是位移的起点时，"下""出"等是完全不能脱落的。

脱落原本是北京话口语中的一种比较特殊的语言现象，但是，随着社会的发展、南北方言的融合，在使用汉语普通话交流时，只要语义允许，说话人通常就会倾向于选择脱落的形式，因为它符合语言表达的经济性原则。

47. 为什么不能说"他把车停路边"？

我们先来比较一下下列三组结构：

（1）a. 把车停路边　　b.* 把车翻沟里

（2）a. 把衣服晾阳台　　b.* 把包掉水里

（3）a. 把画挂墙上　　b.* 把水洒床单上

很显然，从祈使句的角度考虑，a 组的三个结构都可以成句，而 b 组的三个结构都不能成句。这是因为任何一个进入祈使句的语言单位都要受到这个句式的语用约束。从祈使性"把"字句的使用情况来看,最重要的语用约束就是:当说话人向听话人发出某项指令时,他对听话人应该不应该、能够不能够执行自己的建议和要求,有一个既合乎实际又非常清醒的估计,他必须向听话人发出一个非常明确的指令;从听话人的角度来看则是,当他听到某项指令时,必须马上就能意识到自己应该干什么、怎么干,否则该祈使句就不能起到应有的交际作用。a 组的语境提示义是明确的,具有可接受性;而 b 组动词"翻""掉""洒"都具有[-自主]的语义特征,"把"后的宾语多是动作行为的受损者。动词引发的全是消极的结果,导致句子的语境提示义是模糊的,或者说,这些指令的接受度是极低的,所以 b 组的三个结构作为祈使句都是不能成立的。

如果把例(1)~(3)都换成陈述句,那么无论 a 组还是 b 组都属于不合格的句子。例如:

(4)a.* 他把车停路边。　b.* 他把车翻沟里。

(5)a.* 他把衣服晾阳台。　b.* 他把包掉水里。

(6)a.* 他把画挂墙上。　b.* 他把水洒床单上。

凭借语感,我们都能感觉到这三组句子似乎都尚未说完,听话人总希望能听到更多的信息,也就是说这些句子都是不自足的,都不能独立成句。

我们在句末加一个完成体标记"了",再来看一看句子是否能够成立:

(7)a. 他把车停路边了。　b. 他把车翻沟里了。

(8)a. 他把衣服晾阳台了。　b. 他把包掉水里了。

(9)a. 他把画挂墙上了。　b. 他把水洒床单上了。

例(7)~(9)三组句子显然都能成立。所以,单说"他把车停路边",如果没有下文,听话人会觉得对方的话还没说完。但只要在句末加上一个表示时体标记的助词"了",说成"他把车停路边了",就能独立成句。因此,助词"了"是"他把车停路边"这一表达式独立成句的完句成分。

胡明扬、劲松(1989)曾明确指出,汉语的句段应分为能独立成句的独立句段和不能独立成句的非独立句段;句段的独立与否往往取决于其是否带有某些句子在结构上必需的成分,并首先将这类结构成分概括为"完句成分"。胡明扬、劲松（1989）还进一步指出，常见的完句成分是一些助词和副词；此外，语序、否定、疑问、祈使等表达功能语气的语调也具有完句作用。

总的来说，完句成分通常是一个不依赖语境或上下文支撑的句子必须具有的结构成分。它具有使一个语言表达式独立成句的完句功能，是句法结构上的成句条件。

所以，"S＋把＋O＋V＋L"句式中的完句成分除"了"以外，还有"吧"、"正……呢"、表疑问语气的"吗"、助动词"应该"等等。这些完句成分的加入都使得句子表达的"事件"具有了"现实性"。例如：

（10）把衣服晾阳台吗？

（11）他正把画挂墙上呢。

（12）把车停路边吧。

（13）应该把车停路边。

有了完句成分"了"之后，我们再对例（1）～（3）中的b组结构做一个简单分析。

（1）＊把车翻沟里（把车翻沟里了）

（2）＊把包掉水里（把包掉水里了）

（3）＊把水洒床单上（把水洒床单上了）

从句法上来说，它们似乎没有问题，但从语义上考虑，它们在逻辑上说不通。因此，我们认为b组三个结构去掉"了"以后不成立。在这类句子中，"把"后的宾语多是动作行为的受损者，动词具有［－自主］的语义特征。这三个结构中，动词"翻"和"掉"的［－自主］语义特征明显强于"洒"，因为"洒"这个动词既可以做自主动词，也可以做非自主动词，所以前两句（把车翻沟里／把包掉水里）无法作为祈使句存在。在某些语境下，"把水洒床单上"可以看成是"有意而为之"的行为，也就是说它可以勉强作为祈使句存在（比如：你把水洒床单上试一下），而不考虑语境的话，"把水洒床单上了"更倾向于是无意识的行为，并且造成了不好的结果。

在口语色彩比较浓的祈使句、疑问句中，动词后成分脱落是比较常见的。受句式的影响，"S＋把＋O＋V＋L"用作祈使句的情况频率相对来说是高于疑问句的。例如：

（14）这不是逼着我把人民币砸手里吗？

（15）你把它搁哪儿了？

（16）你把书放这儿！

（17）你别把人家客人晾这儿啊！

（18）把衣服挂架子上！

（19）你把东西扔沙发上！

这与"S＋把＋O＋V＋L"句式所传递的明确语义是有直接关系的，它符合祈使句句式发出明确指令的语用要求。

48. 为什么可以说"你把衣服洗了"？

前文中我们曾经提到，汉语中的祈使句表示的是命令或请求听话人做某事，动词表达的都是未然动作，所以不用加完成体标记"了"。例如：

（1）你把衣服洗干净！

（2）你把垃圾扔出去！

可是，我们经常会看到这样的句子：

（3）你把衣服洗了！

（4）你把门关了！

（5）你把衣服穿了！

（6）你把作业做了！

为什么会出现这种情况呢？祈使句"你把作业做了"中的"了"与陈述句"他把作业做了"中的"了"是否是同一个"了"？

我们拿补语成分"好""完""光"等来对这两个"了"分别进行替换后发现：

祈使句中的"了"可以用补语"好""完""光""掉"等来替换，而陈述句中的"了"却不能用"好""完""光""掉"等来替换。例如：

（7）你把饭吃了。——你把饭吃完。你把饭吃光。

（8）你把衣服洗了。——你把衣服洗好。你把衣服洗完。

（9）他把饭吃了。——*他把饭吃完。*他把饭吃光。

（10）他把衣服洗了。——*他把衣服洗好。*他把衣服洗完。

从例（7）～（10）可以看出，祈使句中的"了"相当于动词后的补语成分。一旦用了补语成分，就不能再加"了"了。这说明祈使句中动词后的补语成分和"了"在语义上是相互冲突的。例如：

（7）? a. 你把饭吃完了。　? b. 你把饭吃光了。

（8）? a. 你把衣服洗好了。　? b. 你把衣服洗完了。

而陈述句中的动词"吃"已经隐含了结果补语"完"或者"光"，但如果没有体现事件性的时体标记，句子还是不能成立。要让句子成立，必须要在句末加上一个"了"。例如：

（9）a. 他把饭吃完了。　b. 他把饭吃光了。

（10）a. 他把衣服洗好了。　b. 他把衣服洗完了。

由此可见，祈使性"（S）+把+O+V+了"中的"了"并非完成体标记"了"，而是表示祈使语气的"了"。我们也可以在语音上将这两个"了"区分开来。完成体标记的"了"读作 /le/，祈使语气的"了"读作 /lou/。

在交流中，这类祈使性"（S）+把+O+V+了"的使用频率非常高。在教学中，我们可以将这类"把"字句作为语块进行教学，强化学生的认识。当我们要求或者命令对方做某事时，可以采用"你+把+O+V+了"这样的祈使句。主语"你"可以省略。同类的例子还有：

（11）你把地拖了！

（12）你把房间打扫了！

（13）你把桌子整理了！

（14）你把菜做了！

（15）你把窗户开了！

（16）你把手机关了！

但是，下面的句子是不能说的：

（17）*你把这事忘了。

（18）*你把钱丢了。

　　这是因为在"你+把+O+V+了"这样的祈使句中，不允许具有［-非自主］语义特征的动词出现。要求别人做某事的前提是动作必须是可控的，像例（17）和例（18）两句中的动词"忘""丢"都是非自主动词，也就是非可控动作，当然不适合出现在祈使句中。

　　另外，前面我们曾经说过，像"他把衣服穿了"这样的陈述性"S+把+O+V（单音节)+了"句式是不能成立的，因为动词"V"具有［+使消失］或者［+使分离］的语义特征是保证陈述性"S+把+O+V（单音节)+了"句式合法的条件之一，而"穿"不具有这样的语义特征。例如：

（19）* 他把衣服穿了。

（20）他把衣服脱了。

（21）* 他把车票买了。

（22）他把车票卖了。

（23）* 他把书借了。

（24）他把书还了。

　　可是，如果在祈使性"（S）+把+O+V（单音节)+了"句式中，这一条件却不起作用了。例如：

（25）你把衣服穿了。

（26）你把衣服脱了。

（27）你把车票买了。

（28）你把车票卖了。

（29）你把书借了。

（30）你把书还了。

　　这是因为祈使句本身表示的是未然的动作，而祈使句中"把"的宾语又是交际双方都知道的某个事物，所以说话人在发出指令时，可以自由地要求听话人对这一事物做出或"使分离"或"使出现"的动作。所以，例（25）～（30）都能成立。

49. 为什么不能说"你把门敲敲"？

就句子的语用分类来看，祈使句是一种表达强主观性的句式。关于祈使性的"（S）+把+O+VV"这种句式，张谊生（1997）、曾祥喜（2020）等曾做过相关研究，但整体研究不多。这类句式〔包括"（S）+把+O+V一V""（S）+把+O+V一下"〕表示的语法意义与典型的"把"字句的句式义并不冲突[①]，即说话人希望通过动作的反复或者尝试，使"O"产生某种结果或者某种状态的变化。它是从说话人的主观视角出发的，要求听话人去实施某种带有目的性的动作行为，以期实现某种可预期的积极变化。

在"把"字句的祈使用法中，可以将动词重叠，构成"VV"形式。在命令某人做某事时，说话人为了凸显对某一事物的快速处置，就会选择"（S）+把+O+VV"这种"把"字句。可是，并非所有的动词重叠都能进入"把"字句的祈使用法中。为什么有的"（S）+把+O+VV"可以成立，而有的"（S）+把+O+VV"却不能成立呢？究其原因，这与动词的语义特征直接相关。

一般说来，表祈使的"（S）+把+O+VV"句通常需要满足以下几个条件：

首先，当说话人要求听话人实施某一行为时，通常这一行为的实施可以使"把"的宾语"O"在性质、状态等方面发生或多或少的变化。例如：

（1）你把门修修。

（2）*你把门敲敲。

例（1）通过动作"修"能够让"门"发生变化，所以可以说；而例（2）中动作"敲"的实施并不能使"门"在性质、状态等方面产生改变，所以该句不能成立。

[①] 学界普遍认为陈述性的"把"字句才是具有典型性的"把"字句。在分析"把"字句句式语义时，未将祈使性"把"字句考虑进来，我们对此持保留态度。我们认为，陈述性"把"字句和祈使性"把"字句不存在谁更典型的问题。因为祈使性"把"字句在口语中的使用是很高频的，它是"把"字句句式中一个非常重要的成员。对一般"把"字句整体语义的分析同样适用于祈使性"把"字句。

其次，当说话人要求听话人实施某一行为时，动作实施后一般会有一个可以预见的结果。例如：

（3）你把菜热热。

（4）＊你把菜吃吃。

例（3）可以预测动作实施后会有什么结果，所以可以成立；而例（4）"你把菜吃吃"则让听话人觉得莫名其妙，无法预测动作实施后的结果，所以该句不能成立。如果换成下面的说法，就可以说了：

（5）你把菜称称。

（6）你把菜洗洗。

第三，当说话人要求听话人实施某一行为时，通常会预估到这一行为给说话人或者听话人带来某种积极的、正面的变化。例如：

（7）你把衣服洗洗。

（8）＊你把衣服拿拿。

例（7）可以预估到衣服洗好后会变干净，所以可以成立；而例（8）"你把衣服拿拿"中动作实施后似乎很难产生能让听话人预估到的某种变化，更不要说是积极的、正面的变化，所以该句不能成立。同样，"你把门修修"可以说，"你把门拆拆"就不能说了，因为"拆"后产生的是消极的变化，是一种破坏行为。

第四，当说话人要求听话人实施某一行为时，该动作行为的终点通常是明确的，总会在某一个有限的时间内自行结束。例如：

（9）你把书收拾收拾。

（10）＊你把书买买。

例（9）中，不管动作"收拾"是一次性的行为，还是重复进行的行为，都会在某个时间内自行结束，所以例（9）可以成立；而例（10）中，动作"买"的终点不明确，终止时间难以确定，所以例（10）不能成立。

第五，作为祈使句，当说话人要求听话人实施某一行为时，说话人提供的指令必须是明确的，能够让听话人迅速做出某种行为或反应。例如：

（11）你把椅子挪挪。

（12）＊你把椅子坐坐。

　　例（11）的指令很明确，听话人会马上做出相应的反应，所以该句可以成立；而例（12）的指令很含糊，听话人不清楚说话人的真正意图，也就很难配合说话人完成交际目的，所以该句不能成立。

　　第六，说话人在发出指令之前，"把"后的宾语必须是动作发生之前已经存在的。

　　（13）＊你把房子盖盖。

　　（14）＊你把文章写写。

　　例（13）和例（14）都不能成立。因为当说话人向听话人发出某项指令时，要求听话人所处置的对象一定是在动作行为发生之前就已经存在的事物，只有这样，听话人才能接受到明确的信息。可是，例（13）和例（14）中的"房子"和"文章"是动作行为实施以后才出现的事物，从语义关系上看，它们都是动作行为的结果，而非受事。这类事物在动作行为发生之前是不存在的，所以不适合放在祈使性"把"字句中。但是，如果加上频度副词"重新""再"，例（9）和例（10）就合法了。例如：

　　（15）你把房子重新盖盖。

　　（16）你把文章再写写。

　　这是因为副词"再""重新"的参与，使得句子中的动词与"把"的宾语之间的语义关系发生了改变，两句中的"房子""文章"由原来的结果变成了事先存在的受事，而句中的动词"盖"和"写"的词汇义也有所改变："盖"不是指"从无到有"的"搭建"，而是指在"有"的基础上"修建"；"写"不是指"从无到有"的"写作"，而是在"有"的基础上"修改"；等等。所以例（15）和（16）中的名词所表示的事物早已经存在了，具有很强的有定性，在言谈互动中，信息交流很明确，句子自然也就能成立了。

　　另外，祈使性"（S）＋把＋O＋VV"句式中的动词如果是单音节的，则可以变换成"（S）＋把＋O＋V一V"或者"（S）＋把＋O＋V一下"。三者基本同义。例如：

　　（17）你把面包烤烤。

　　（18）你把面包烤一烤。

（19）你把面包烤一下。

（20）你把锁修修。

（21）你把锁修一修。

（22）你把锁修一下。

如果祈使性"（S）+把+O+VV"句式中的动词是双音节的，则可以变换成"（S）+把+O+V一下"。二者基本同义。例如：

（23）你把房间打扫打扫。

（24）你把房间打扫一下。

（25）你把这个问题考虑考虑。

（26）你把这个问题考虑一下。

需要注意的是，在祈使性"（S）+把+O+V一V"句式中，动词本身可以是非积极的、非褒义的动词。例如：

（27）你把这件事拖一拖！

例（27）中的动词"拖"本身是非积极的、非褒义的动词，但用在整个祈使句中，其实表达的还是对说话人或者听话人有益的语义。

另外，非积极、非褒义的动词不能用在"（S）+把+O+VV"句式中。例如：

（28）* 你把这件事拖拖。

总之，"（S）+把+O+VV"这种祈使句式所表达的语法意义是通过动词重叠或动作的反复，使宾语"O"产生某种结果或者某种状态变化。其中，必须满足以下六个条件：

1. 宾语"O"具有变化性；

2. 动作实施后的结果具有可预见性；

3. 宾语"O"产生的变化都是积极正面的；

4. 动作的终点是明确的；

5. 发出的指令是明确的；

6. 宾语"O"在动作发生之前已经存在。

50. 为什么不能说"把几本书看一看"?

一般来说，表示不定指的名词是不能进入祈使性"把"字句的。因为听话者这一方无法从说话者这一方获取明确的指令信息。例如：

（1）＊把几本书看（一）看吧。

（2）＊把几首歌听（一）听吧。

（3）＊把几件衣服晾（一）晾吧。

（4）＊把几个苹果称（一）称吧。

但如果句子中添加了表示统括的范围副词"都""全""全都"等修饰性成分以后，句子就可以成立了。例如：

（5）（你）把几本书都看（一）看吧。

（6）（你）把几首歌都听（一）听吧。

（7）（你）把几件衣服全部晾（一）晾吧。

（8）（你）把几个苹果全都称（一）称吧。

究其原因，是因为"把"的宾语的指称特征发生了改变，已经由原来显性的不定指转变成了隐性的定指了。我们知道，"把"的宾语大多数情况下是有定的，像"几个""几只"这样表示概数的数量短语修饰名词后，如果一定要做"把"字的宾语，通常会有一些附加条件，比如增加表示统括的范围副词"都""全"等。就像例（5）～（8），虽然表面上还是表示概数，但由于"都""全"的概括统指，"几"表示不定指的指称功能就自行转变为表示定指的指称功能了。因为既然是所指对象的全部，那么所指的范围、对象在双方心目中自然是已经确定的了。

"把"的宾语如果由"表确定数的数量短语＋名词"充当，同样是不定指的，也需要通过增加表统括的范围副词来增强名词的有定性。例如：

（9）＊你把三本书看（一）看。

（10）你把三本书都看（一）看。

也可以通过添加指示代词"这""那"或者添加其他修饰性成分来增强名词的有定性。例如：

（11）你把这三本书看（一）看。

（12）你把那三本书看（一）看。

（13）你把老师昨天给的三本书看（一）看。

这些手段都使得宾语的指称整体化，增强了宾语的有定性。以上说的都是用在祈使句中的情况。如果用在陈述句中，应该怎么表达呢？请看：

（14）＊他把几本书看一看。

（15）＊他把几本书都看一看。

（16）＊他把那几本书都看一看。

在陈述句中，以上三句都不能成立。即使像例（16）那样，"把"的宾语是定指的，也是不能成立的。因为"V 一 V"表达的是尝试义，用在祈使句中时表达的是尚未发生的动作。如果要用在陈述句中，应该用"V 了 V"结构，表示动作已经发生。例如：

（17）他把那几本书都看了看。

（18）他把老师给的几本书都看了看。

51. 为什么"把学生批评了一通"中的"把"省去后句子不成立？

前文已经提到过，跟"把"字句关系最密切的不是"主—动—宾"句，而是受事主语句。绝大多数的"把"字句去掉"把"后变成了受事主语句，是完全可以成立的。例如：

（1）他把旅行箱放在楼上。→旅行箱放在楼上。

（2）奶奶把水泼出了门外。→水泼出了门外。

是不是所有宾语表受事（这里的"受事"是广义的受事）的"把"字句去掉

"把"后都仍然可以成立呢？

（3）他把学生批评了一通→＊学生批评了一通。

（4）他把客人送出饭店→＊客人送出饭店。

为什么例（3）和例（4）去掉"把"字后不能成立呢？究其原因，这与名词的生命度有关系[①]。与表示事物的名词相比，表人的名词生命度是更高的。生命度对语言生成和理解的影响非常大。低生命度的名词更容易激活我们对其"受事"的理解，而高生命度的名词更容易激活我们对其"施事"的理解。例（3）和例（4）中的"学生"和"客人"都是高生命度名词，做"把"的宾语时是受事，可是做主语时，说话人更倾向于将其看成"施事"，所以去掉"把"后，这种语义上的含糊不清影响了这类句子的合法性。由此可见，"把"后宾语如果是由有生命度的名词充当，"把"的隐去就会受限制。

但是，在由有生命度的名词充当"把"后宾语的句子中，在"把"字隐去这一问题上，其内部也存在着差异。例如：

（5）母亲把孩子扔在了路边。→＊孩子扔在了路边。

（6）那个乞丐把小狗扔在了路边。→？小狗扔在了路边。

（7）她把个孩子生在火车上了。→孩子生在火车上了。

例（5）去掉"把"后不能成立，例（6）去掉"把"后似乎是可以成立的，例（7）去掉"把"后完全可以成立。

为什么会有这种不同的情况呢？在这里，控制度起了很大的作用。张国宪（1997）认为："在指人名词中，有些名词之间存在着某种权力模式。"如"干部"和"群众"，具有较高权力的"干部"是高控制度词，而权力较低的"群众"则属于低控制度词。其实，除了权力模式，其它生命度等级不同的名词表现出来的控制度也各有不同。例（5）中的"孩子"是高生命度名词，对于"扔"这一动作具有一定的控制力，因此去掉"把"后会造成施事和受事的纠缠不清，所以这句话的合法度是有问题的。这与例（3）（4）是同样的道理。而例（6）中，"小狗"相对来

---

① Comrie（1989）在 *Language Universals and Linguistic Typology* 中最早提出了生命度的概念。语言世界的生命度存在一个"生命度等级"链条，生命度等级由高到低排列，即第一、第二人称代词>第三人称代词>亲属称谓>专有名词>人类普通名词>非人类有生命普通名词>无生命普通名词。

说是低生命度名词，对于"扔"这个动作的控制度极低，因此去掉"把"后激活受事而抑制施事的可能性更大。而例（7）中的"孩子"虽然是高生命度名词，但对"生"对这个动作是完全没有控制度的，去掉"把"后只能作为受事来激活。

可见，当"把"后宾语由有生命度的名词来充当时，"把"隐去的难易程度跟名词的控制度有关。名词的控制度越高，"把"后宾语越容易被理解成施事，"把"的隐去就越困难，如例（5）；名词的控制度越低，"把"后宾语越容易被理解成受事，"把"的隐去就越容易，如例（7）；而例（6）恰好介于二者之间。

再看下面几例：

（8）a. 老人把女儿嫁到了城里。→ b. 女儿嫁到了城里。

（9）a. 局长把他的父亲调离了学校。→ b. 他的父亲调离了学校。

（10）a. 我不小心把她掉进水里了 → b. 她掉进水里了。

例（8）～（10）去掉"把"后都可以成立，是因为"女儿""他的父亲"和"她"在 b 组的三句中都可以明确地被理解为施事（广义上的）。当"把"后宾语明确表示施事时，"把"字是可以隐去的。

影响"把"字隐现的因素很多，不仅与"把"后宾语充当的语义角色直接相关，而且还跟"把"后充当宾语的名词的生命度和控制度有关。（齐沪扬、唐依力，2001）

52. 为什么不能说"我以前没有把汉语学过"？

大家普遍认为单个动词不能充当"把"字句的谓语，前后需要增加一些别的成分。在提到单个动词后面加上动态助词变为复杂形式做"把"字句的谓语时，学者们研究较多的是动态助词"着""了"，而动态助词"过"却很少有人提及。

动态助词"过"用在动词后面，从语法意义上来分析，主要有两种情况：一是表示某种动作行为的完结，二是表示过去存在过的行为和状态。

"把"字句中，在表示某种动作行为的完结或结束时，通常会在动词后加"了"。例如：

（1）回家后他把饺子吃了。

（2）放学后孩子就把作业做了。

这里表示动作完成的两个"了"，都可以用在动词后的补语后面表示动作的完成。例如：

（3）回家后他把饺子吃完了。

（4）放学后孩子就把作业做完了。

但是，这两个"了"都不能换成表示动作完成的"过"：

（5）*回家后他把饺子吃过。

（6）*放学后孩子就把作业做过。

这说明表示动作行为完结的动态助词"过"是不能用于"把"字句的。

我们再来看第二种情况的"过"（即表示经历体的"过"）在"把"字句中的使用情况。目前，学者们也意识到表示经历体的动态助词"过"并非都不能用于"把"字句，只不过使用频率比起"着""了"来要少很多。例如：

（7）他曾经把这本书给朋友看过。

（8）我从来没有把这个秘密跟妈妈说过。

（9）我把所有的答案都检查过，没看出有什么错误。

在教学过程中，我们常常会看到留学生写出如下的句子：

（10）*我以前没把汉语学过。

（11）*我来中国以前没把支付宝用过。

（12）*我来上海以后把小笼包吃过。

例（10）～（12）显然都是错误的表达。那么为什么不能这样表达呢？

我们把例（10）～（12）分别用"主—动—宾"句的语序表达出来，也就是：

（13）我以前没学过汉语。

（14）我来中国以前没用过支付宝。

（15）我来上海以后吃过小笼包。

"学过汉语""用过支付宝""吃过小笼包"这三个动宾结构表达的都是动作的经历体，即曾经有过这样的经历，但并不知道结果如何。比如："学过汉语"的意思是有学汉语的一段经历，但学习的结果如何就不知道了；同样，"没用过支付宝"只表示没有用支付宝的经历而已。"把"字句通常要求对"把"后的宾语进行处置，没有动作结果的"经历"是缺少处置性的，所以不能放在"把"字句中。如果换成以下说法，就可以说了：

（16）我从来没把汉语学<u>好</u>过。

（17）自从用支付宝以来，我就没把支付宝用<u>对</u>过。

（18）我太喜欢吃小笼包了，就没把小笼包吃<u>腻</u>过。

（19）他这个人啊，从来没有把一本书看<u>完</u>过。

再来看另外一个例子。

（20）*他这个人啊，从来没有把一本书看过。

例（20）由于缺少补语而不能成立。这是因为在带动态助词"过"的"把"字句中，谓语动词后面出现的补语"好""对""腻""完"等起到了至关重要的作用，强调了某种动作带来的影响、结果或者变化，它们常常用在表否定的"把"字句中，构成"没+把+O+V+补语+过"句式。

动态助词"过"还可以用在"把+每个+O+都+V+过"句式中。例如：

（21）考前他把每个问题都思考过。

（22）老师把校园的每个角落都检查过。

（23）这个演员把路过的每个人都观察过。

例（21）～（23）中，遍指代词"每"和表全量的副词"都"的加入起到了制约动作行为方式、限制行为发生范围的作用，这样就使得该事件或动作具体化了，所以实际上对"把"的宾语的影响或改变是隐含在句中的。因此，三个句子都可以成立。

另外，当句中谓语由"做、进行（对比、比较）"等形式动词带宾语充当，或谓语前后有表示态度、对象的状语或补语时（陆庆和，2006），可以用含有动态助词"过"的"把"字句。例如：

（24）他曾把这两个人做过比较。（把+宾语₁+动+过+宾语₂）

（25）爷爷把他年轻时的故事跟我讲过。（把+宾语+跟+对象+动+过）

（26）我已经把那本书仔细看过了。（把+宾语+态度+动词+过）

（27）我不知道他是否把这件事讲给别人听过。（把+宾语+动₁+给+对

象+动$_2$+过）

沈家煊（2002）认为，汉语的动词没有"时"变化，但有"体"标记。"了"和"过"都是典型的体标记。因为"V了"比"V过"主观性强，前者总是和"现在"相联系，后者不一定和"现在"相联系。"V过"只是客观报道曾经发生的事件，完成体的"了"在叙述过去的事件的同时还表明了说话人的视角，也就是说话人从"现在"（即说这句话的时刻）出发来看待这个事件。所以可以说"我把野菜吃了"，但不能说"我把野菜吃过"；而换成"主—动—宾"句时可以说"我吃过野菜"，但不能说"我吃了野菜"。"把"字句和"主—动—宾"句在"V了"和"V过"的使用上形成了"互补分布"。

53. 为什么不能说"他把饭吃饱了"？

先看下列两例：

（1）他把菜炒咸了。

（2）*他把饭吃饱了。

例（1）和例（2）以上两句在排列上都是"S+把+O+V+补语+了"，句法结构完全相同，可是为什么例（1）成立，而例（2）却不能成立呢？

一般来说，"把"后的宾语是定指的，在认知上被凸显的程度比较高。当我们既想凸显某个事物，又想凸显这一事物所受的影响时，用"把"字句是最合适不过的了。

例（1）既凸显了"菜"，又凸显了对"菜"施加的影响，即由于"炒"这一动作而使"菜"变"咸"了，所以例（1）是可以说的；而例（2）之所以不能说，是因为只考虑到了凸显"饭"，却没有考虑到"饱"并非是动作"吃"对"饭"产生的影响，"饱"在语义上是与"他"相关联的，也就是"他吃饭"导致"饭饱了"是不能成立的，所以例（2）不符合"把"字句的成句条件。如果换成"他把饭吃光了"，则可以成立。因为这句话表达的是"他吃饭"导致"饭光了"的结果。同类的还有：

（3）他把自行车撞坏了。

（4）他把工作做完了。

（5）他把朋友打伤了。

（6）他把苹果洗干净了。

例（3）～（6）中的"把"字句都既强调了"把"后的宾语，又强调了宾语受到的影响或产生的变化。我们再看下列两句：

（7）他把菜买错了。

（8）* 他把菜买贵了。

为什么例（7）可以说，而例（8）却不能说呢？我们仍然可以用上文所说的"把"字句的成句条件来解释。例（7）既强调了"把"的宾语"菜"，又强调了句子主语"他"对"菜"施加的影响，即"买错"使"菜"发生了变化；而例（8）中的补语"贵"不是宾语"菜"所受到的影响或产生的变化，只是说话人主观上的理解，事实上，"菜"本身没有发生变化。两句的差别可以通过变换句式来体现：

（9）他买错了菜。

（10）* 他买贵了菜。

如果把例（10）换成重动句，则可以成立了：

（11）他买菜买贵了。

因为在重动句中，信息的重点在动补结构上，凸显的只是补语"贵"，并不凸显其他成分，所以"买菜"是作为背景信息出现的。同类的还有：

（12）他看书看困了。

（13）他洗衣服洗累了。

54. 为什么不能说"衣服把他洗累了"？

在"把"字句中，常常会出现"把"后宾语是施事的情况。这里的"施事"是一种广义上的"施事"。例如：

（1）这件事情把我们愁死了。

（2）每天早出晚归把他累得够呛。

例（1）指的是"我们愁"，例（2）指的是"他累"，"我们"和"他"分别是"愁"和"累"这一状态的发出者或者实施者，而"这件事情"和"每天早出晚归"分别是让"我们愁"和让"他累"的原因。这说明"把"字句中是可以带施事宾语的。可是，下面四个"把"字句都是施事"他"做"把"的宾语，为什么却不能成立呢？

（3）* 衣服把他洗累了。

（4）* 洗衣服把他洗累了。

（5）* 酒把他喝醉了。

（6）* 喝酒把他喝醉了。

例（3）～（6）四句话如果改成重动句就可以说了。请看：

（7）他洗衣服洗累了。

（8）他喝酒喝醉了。

重动句的表达重点在句末的动补结构"洗累"和"喝醉"上，句中的动宾结构"洗衣服"和"喝酒"都是作为背景信息出现的，并非语义表达重点。然而，虽然用重动句来表达是没有问题的，但在语义上与"把"字句有差别。

说话人之所以选择使用"把"字句，其实是想告诉听话人"做某件事让某人发生了什么样的变化或有了什么样的状态"，但是，例（3）～（6）却给人一种"信息不明"的感觉，问题主要出在"把"字句的主语上。这四句话的主语"衣服""洗衣服""酒""喝酒"在语言信息量的量值上是不够的，自然不容易被凸显，所以也就使得主语跟后面的事件"他洗累了""他喝醉了"之间缺乏足够的语义关联。

一般来说，在人类的认知中，具体的认知对象总是比抽象的认知对象更容易凸显出来，因为具体的事物更容易被感知和注意。在句法结构上，如果我们想要凸显某个事物，让其变得更加具体，其中一个形式上的手段就是通过增加修饰性成分来丰富语义内容和信息量。例如：

（9）（洗）一件衣服就把他洗累了。

（10）（喝）一杯酒就把他喝醉了。

这两句中的数量词"一"都重读。通过增加表示数量小的数量短语和限制性副词"就"，例（9）～（10）的逻辑关系就完全建立起来了。我们可以为例（9）～（10）提供上下文语境，以便更好地理解这两句话。例如：

（11）他平时很少做家务，所以（洗）一件衣服就把他洗累了。

（12）他平时很少喝酒，所以（喝）一杯酒就把他喝醉了。

我们还可以通过增添表示数量多的数量短语来表达。例如：

（13）（洗）一大堆衣服把他洗累了。

（14）（喝）两斤酒把他喝醉了。

这些做修饰成分的数量短语，不管是表示量大还是表示量小，都体现了量的极端性，这种"极量"①的表达使得这些被修饰的名词在认知上得以凸显，这些被凸显的名词是后面事件"合法化"的原因所在。

如果我们用处于"中间"的量来修饰，句子的合法性就会大打折扣。例如：

（15）？ 三件衣服把他洗累了。

（16）？ 三杯酒把他喝醉了。

"三件衣服"和"三杯酒"表达的信息量是模糊的，到底是多还是少呢？要想让句子成立，我们可以在句子中加一个限制性副词"就"，来凸显这两个数量短语的"极小"量。例如：

（17）三件衣服就把他洗累了。

（18）三杯酒就把他喝醉了。

由此可见，在语言表达中，合理的逻辑关系非常重要，它与句法结构是相辅相成、互相影响的。

---

① 关于"极量"的概念可参看沈家煊（1999）。

55. 为什么不能说"这孩子把房间弄得脏"？

我们先看几个例句：

（1）＊这孩子把房间弄得脏。

（2）这孩子把房间弄得很脏。

（3）这孩子把房间弄得脏兮兮的。

为什么例（1）不能成立，而例（2）、例（3）都能成立呢？

这与句中补语的用法有关。例（1）～（3）中动词"弄"后用"得"连接的是表示结果或状态的补语。这类有标记词"得"的补语称作情态补语，它常常对动作或动作的结果进行描写。例（1）和例（2）中的补语是由性质形容词充当的，例（3）中的补语是由状态形容词充当的。

性质形容词和状态形容词构成情态补语时，在形式和功能上都存在不小的差异。主要有以下几点：

第一，当性质形容词做情态补语时，一般前面要加"很"或其他成分。"很"表示程度的作用很弱，主要是起"凑音节"的作用。例如：

（4）张老师每天睡得很晚。

（5）李老师打球打得很棒。

（6）王老师讲课讲得很好。

只有在表对举和比较的句子里，性质形容词才能单独做情态补语。例如：

（7）他打乒乓球打得好，我打得不好。

（8）这几天爸爸睡得晚，我睡得早。

性质形容词做情态补语用在"把"字句中时也是一样的，前面常常加程度副词"很"等修饰成分。例如：

（9）张老师每天都把办公室打扫得很干净。

（10）姐姐每次出门都把自己打扮得很美。

而状态形容词做情态补语用在"把"字句中时，可以单独使用，有的也可以在后面加一个语气词"的"。例如：

（11）这孩子把房间弄得乱七八糟（的）。

（12）他把小脸冻得通红。

正是由于性质形容词和状态形容词做情态补语时的句法特征不一样，所以例（1）不能成立，而例（2）加了"很"后就能成立了。例（3）之所以能说，是因为"脏兮兮"是状态形容词，后面常常跟着一个语气词"的"。

第二，从属性上来看，性质形容词表示事物恒久的属性，是静态的；而状态形容词则表示暂时的变化，是动态的。（朱德熙，1982）在"把"字句中，"得"后的状态形容词更能体现事物动态的变化性和描写性，更符合"把"字句中动作结果的"变化性"。例如：

（10）爸爸把墙壁刷得雪白。

（11）他把事情的经过说得明明白白的。

另外，虽然性质形容词只是单纯地表示事物的属性，是静态的，但是可以加上含有结果义的"了"，使它具有动态的意义。例如：

（12）这孩子把房间弄脏了。

（13）他把脸冻红了。

当然，加上"了"以后的补语就不再是情态补语了，而是结果补语。

除了形容词或形容词短语可以充当情态补语以外，动词或动词短语，主谓短语，还有固定结构等也可以充当情态补语。例如：

（14）他把我气得直发抖。

（15）这个故事把他感动得直掉眼泪。

（16）走廊上的老鼠把我吓得大叫起来。

（17）医生常常把字写得谁都看不懂。

（18）这段路把我走得满头大汗。

（19）他把我说得一钱不值。

（20）我把老师的话忘得一干二净。

有时候，"得"字后面的情态补语在一定的语境中还可以省去。例如：

（21）哇！你拿了这么多奖金！看把你高兴得。

（22）你到底对他说了什么？看把他气得。

56.为什么不能说"他把手机带着"？

前文说过，在多数情况下，"把"字句的谓语部分后面常常有其他成分，比如，动态助词"着""了"、各类补语、动词重叠形式等等。那为什么例（1）却不能成立呢？

（1）*他把手机带着。

现代汉语里的动态助词"着"有两种用法：一是表示动作进行的"着$_1$"，一是表示状态持续的"着$_2$"。（吕叔湘，1980；朱德熙，1981；等）例如：

（2）吃着$_1$饭/跳着$_1$舞/唱着$_1$歌/开着$_1$会/下着$_1$雪

（3）戴着$_2$帽子/穿着$_2$大衣/挂着$_2$画/亮着$_2$灯/红着$_2$脸

动态助词"着"放在动词、形容词后面的时候，既可以表示动作在开始后、结束前的进行，也可以表示动作完成后的状态在持续，因此"着"的出现不受时间的制约。"着"作为一个持续体标记，通常表示一个持续稳定、没有终结点的情境，排斥有界性。"着"之所以能和动词连用，进入"把"字句，原因在于"着"表示的是某个动作及其后续结果状态的延续。

在典型的"把"字句中，"把"后宾语是动作行为的受影响者，受整个动作事件的影响，其结果或状态发生了一定的变化。动词与"着"构成"V着"，共同表示"把"的宾语所产生的结果或状态。只是，动词后带"着"的"把"字句对动词的选择很严格，能进入"V着"结构的动词十分有限，主要有"带、背、拿、开、挂、举、戴、装、放、盖、关、睁、闭"等静态动词。这些动词通常具有"使状态持续"的语义特征。

这些表示状态持续的静态动词和"着"搭配后多数出现在祈使性"把"字句中。例如：

（4）出门前记得把手机带着！

（5）把这些水果拿着，给孩子吃！

（6）你把窗户开着，透透气！

有时候也可以用在陈述句中。但是用在陈述句中时，动词前面常常有修饰性成分。如果我们把动词前的修饰性成分去掉，句子就不能成立了。例如：

（7）他把箱子高高地举着。

（8）他把我的手紧紧地握着。

（9）*他把箱子举着。

（10）*他把我的手握着。

例（9）和例（10）中动词前面没有修饰语，句子就不能成立。由此可见，包含"V着"的陈述性"把"字句，动词前通常要带上一些状语性成分才可以成句。一般来说，语言中的句子通常遵循线性增量原则，也就是说句子从左到右，信息的重要程度逐渐递增。修饰性成分提供的新信息的量越大，越是倾向于放在被修饰成分的后面。（方梅，2005）而例（7）和例（8）中状语成分的加入却使得句子的表达重点前移，听话人的关注点也就是句子的焦点也相应地移到了状语位置上，而且这两句的状语"高高地""紧紧地"在语音上是重读的。像例（7）和例（8）这类陈述性"把"字句的主要交际功能就是信息传递，其中的焦点信息就是状语成分"高高地"和"紧紧地"。

还有少数表示持续义的动态动词也可以构成"V着"结构进入陈述性"把"字句中。例如：

（11）男生们把球在教室里来回传着。

（12）他把我上上下下打量着。

（13）女儿把我轻轻地摇晃着。

（14）*男生们把球传着。

（15）*他把我打量着。

（16）*女儿把我摇晃着。

例（11）～（13）中"把"字句的成立也都是通过动词前加状语成分得以实现的。由此可见，"V着"在祈使性"把"字句和陈述性"把"字句中的成句条件是不同的。陈述性"把"字句必须借助状语修饰才能成句。相比较而言，祈使性"把"字句对"V着"的入句要求更加宽松，可以直接构成"（S）+把+O+V着"句式。并且，在带"V着"的祈使性"把"字句中，单音节动词的出现频率要远远大于双音节动词。

再回到例（1）。"他把手机带着"之所以不能说，就是因为这句话不符合"把"字句的典型语义，此句的动词"带"并未对"把"的宾语"手机"产生任何影响。我们稍加修改，再把这句话分别放在陈述句和祈使句中，就可以说了。如果放在陈述性"把"字句中，"V着"前面需要有状语成分的修饰；如果放在祈使性"把"字句中，可以直接成句。例如：

（17）他（整天）都把手机随身带着。

（18）你把手机带着！

57. 为什么不能说"看把你高高兴兴的"？

"看+把+O+VP+的/得"①是一个常常出现在对话中的口语句式，具有很强的口语化特征。例如：

（1）考试终于结束了，看把这孩子激动得。

（2）你太能干了，看把这儿收拾得。

如果是完整的表达，"VP"后面可以用补语来补充说明。例如：

（3）看把他气得脸都绿了。

（4）看把你吓得腿都软了。

（5）这些天你看把大家愁成啥样了。

例（3）～（5）中的补语都是程度补语，常常表示一种极端的情况，是一种极量表达。在口语交际中，我们通常会采用以下说法：

（6）看把他气得！

（7）看把你吓得！

---

① "看+把+O+VP+的"这一句式的句尾词"的"，也写作"得"，下文例句中统一写作"得"。

（8）看把大家愁得！

之所以将补语省略，主要有以下两个原因：

一是因为该句式中"把"的作用不明显，也就是说"把"的处置义或致使义已经弱化了，所以它失去了典型"把"字句所体现出来的句式义。例（6）～（8）去掉"把"后，可以变换成：

（9）看他气得！

（10）看你吓得！

（11）看大家愁得！

二是因为该句式中有"看"。"看"可以看作是一个具有提醒功能的语用标记，它是由原来表示具体词汇意义的行为动词虚化而来的，表明了说话人的心理状态和主观看法。用在这一句式中的"看"体现了事件的"现场性"。在用这一句式时，听话人和说话人双方都在现场，句子中动作主体的状态大家都已经看到了，所以在具体的语言环境里觉得不必说出或者是一时找不到恰当的说法时，就可以把后面的补语省去。

"看+把+O+VP+得"中的"O"一般由代词、名词和名词性短语充当。其中人称代词多为第二人称和第三人称，有时候也可以用第一人称。例如：

（12）你就不能心疼我一下吗？看把我累得。

既然"看+把+O+VP+得"表达的是说话人对某一事物的主观态度，那么交际双方谈论的话题（也就是"把"的宾语）必须具有有定性。无定的宾语是不能进入该句式的。例如：

（13）看把这个孩子给吓得。

（14）*看把一个孩子给吓得。

另外，进入该句式的宾语在语义上既可以是施事，也可以是受事。例如：

（15）你下手真重！看把孩子打得。（受事）

（16）这些孩子真不听话。看把老师给气得。（施事）

能进入该句式的谓词既可以是动词，也可以是形容词，但大都是一些口语词，以单音节谓词为主。书面色彩比较浓的谓词通常不适合出现在该句式中。例如：

（17）看把妈妈累得。

（18）*看把妈妈劳累得。

即便是口语化的形容词，在进入该句式时，也会受到搭配成分的限制。例如：

（19）*看把你高高兴兴得。

（20）*看把你很高兴得。

形容词分为性质形容词和状态形容词。状态形容词是不能进入该句式的，只有性质形容词才能进入。例（19）的"高高兴兴"是状态形容词，所以该句不能成立。例（20）不能成立的原因是进入该句式的性质形容词"高兴"前面不能有修饰成分，如果改成"看把你高兴得"就能说了。但是，并不是所有的性质形容词都可以进入该句式。例如：

（21）*看把你聪明得。

（22）*看把你漂亮得。

"聪明""漂亮"都是性质形容词，可是为什么例（21）（22）都不能说呢？因为如果要描述人的话，只有表示心理或者生理状态的性质形容词才可以进入"看＋把＋O＋VP＋得"句式，如"累""辛苦""兴奋""烦""急""气""热"等。例如：

（23）看把老师累得。

（24）看把你伤心得。

（25）看把他急得。

除了形容词以外，表示心理活动的动词也可以进入该句式，如"喜欢""愁""害怕""恨"等。例如：

（26）看把你喜欢得。

（27）看把你恨得。

（28）看把你害怕得。

（29）看把你愁得。

行为动词也可以进入该句式，对句中的受事进行描述。例如：

（30）看把这孩子打得。

（31）看把我的房间糟蹋得。

（32）看把我的车子蹭得。

例（30）～（32）表达的是"孩子被打""我的房间被糟蹋""我的车子被蹭"等具体事件，从动词本身就可以看出说话人抱怨、不满、责怪的语气。有时候句子表达说话人什么样的感情色彩，是与语境直接相关的。例如：

（33）你太能干了！看把这房间弄得。

（34）你太懒了！看把这房间弄得。

根据语境，例（33）表达了说话人对听话人的称赞和认可，例（34）表达了说话人对听话人的批评和不满。

另外，谓语动词前可以加上助词"给"，使口语化色彩更强一些。例如：

（35）今天奶奶过生日。看把奶奶给乐得。

（36）昨天老师批评他了。看把他给委屈得。

总体来说，"看＋把＋O＋VP＋得"这一句式从言语交际的角度来看，是说话人通过具有提醒功能的动词"看"来提醒听话人去注意"把"后宾语的变化，而这一变化或状态又恰恰是超出说话人预期的，体现了说话人的主观评价。

58. 为什么不能说"他把这本书给读了三遍了"？

我们在使用"把"字句时，在比较轻松随意的场合下，常常会在动词前增加助词"给"。例如：

（1）小明昨天把腿给摔断了。（小明昨天把腿摔断了。）

（2）他把我给说哭了。（他把我说哭了。）

但是，我们却不能说：

（3）＊他把这本书给读了三遍了。

只能说：

（4）他把这本书读了三遍了。

这是为什么呢？到底什么样的动词短语可以进入"S＋把＋O＋给＋VP"这个句式呢？通常来说，能够进入到"S＋把＋O＋给＋VP"句式的动词短语主要有以下四类：

第一，动结式短语。这一类短语由动词加上表示结果的动词或形容词构成。例如：

（5）我把这本书给<u>看完</u>了。

（6）妈妈把饭给<u>做好</u>了。

（7）他把小狗给<u>吓跑</u>了。

（8）他把这本书给<u>读烂</u>了。

（9）我不小心把手给<u>切破</u>了。

第二，动趋式短语。这一类短语由动词加上表示方向的趋向动词构成。例如：

（10）我把行李给<u>拿过来</u>了。

（11）你把他给<u>叫过来</u>！

（12）爸爸一气之下把孩子给<u>赶出去</u>了。

（13）妈妈把我的照片给<u>藏起来</u>了。

第三，动词后加"介词＋处所名词"构成的短语。这里用"在""到"等介词加上处所名词充当的补语，形式上是表处所，其实体现的也是一种结果义。例如：

（14）他把手机给<u>放在家里</u>了。

（15）爷爷把钱给<u>锁在柜子里</u>了。

（16）哥哥把弟弟的玩具给<u>扔到外面</u>了。

第四，"单个动词＋了"。这些单个动词加上表示完成意义的"了"，就已经体现出了结果义。例如：

（17）我已经把单给<u>买</u>了。

（18）班长已经把黑板给<u>擦</u>了。

（19）他一放学就把作业给<u>写</u>了。

（20）小张在学校把腿给<u>摔</u>了。

（21）昨天出门时我把手机给<u>丢了</u>。

（22）大卫跑步时把脚给<u>崴了</u>。

例（17）～（22）中，有的是表示自主义的"把"字句，如例（17）～（19），有的是表示非自主义的"把"字句，如例（20）～（22）。这说明不管是自主义的"把"字句还是非自主义的"把"字句，只要属于上述四类动词短语就都可以进入"S＋把＋O＋给＋VP"句式。助词"给"的作用是放在动词之前，来加强"把"字句的结果意义，同时也使整个"S＋把＋O＋给＋VP"句式具有了口语色彩。

再回过头来看错句"他把这本书给读了三遍了"。这个句子之所以不能用"给"，就是因为动词后面跟的是动量补语"三遍"，动量补语通常表示动作行为进行的次数，是对动作进行补充说明的，而不是表示动作的结果。同类的错句还有：

（23）＊妈妈把剩菜给热了好几回了。

去掉"给"变成"妈妈把剩菜热了好几回了"，就可以成立了。

我们再来比较以下两组句子：

（24）a. 他把开会的时间给记错了。

　　　b. 他把开会的时间记错了。

（25）a. 美兰把考试要用的书给买回来了。

　　　b. 美兰把考试要用的书买回来了。

很显然，由于介词"给"引出的是动作结果，所以两组中的 a 句和 b 句比较起来，a 句更能突显施事动作行为的结果。只不过有的突显的是无意造成的动作结果［如例（24）a］，有的突显的是有意为之的动作结果［如例（25）a］。

总的来说，"S＋把＋O＋给＋VP"句式既可表达正面的情感，也可表达中性和负面的情感。不过，当我们想要表达"埋怨""意想不到"等情绪时，常常会优先选择这一句式。例如：

（26）哎！都怪我，把这事给搞砸了。

（27）哎呀！我把妈妈最喜欢的一个杯子给摔碎了。

（28）他这人怎么这样！把教室给搞得乱七八糟的。

（29）张师傅把我的旧电脑给修好了。

（30）小林把阅览室给打扫干净了。

（31）姐姐把妈妈年轻时的旗袍给穿在身上了。

例（26）～（31）中，前三句表达的是埋怨的负面情绪，后三句表达了说话人的惊讶之意，可以是正面的，也可以是中性的。

需要注意的一点是：在祈使句中，常用"把＋O＋给＋某人＋VP"这样的结构来表达说话人的命令语气，这里的"给"不是助词"给"，而是介词"给"，它同样也是用来加强语气的。在这一句式中，介词"给"后常常可以介引受益者。例如：

（32）你把他给我叫过来！

（33）把扇子给我拿过来！

（34）把地给拖了！

（35）把衣服给洗了！

前两例的受益者都是"我"，后两例的受益者在句中并未出现，那是因为有语境或上下文的支撑，即使省去受益者也不会造成交际上的困难。

59. 为什么不能说"他把头一低了"？

在留学生习得"把"字句的高级阶段，偶尔也会碰到像"把＋O＋一V"这种句法形式简单但语义内容复杂的结构。这类特殊的"把"字句表达的都是动作主体有意识的行为，常常用来描写动作的情状，通常不能单独使用。如果不了解这一结构的使用条件和语义特征，就会犯下面一些错误。例如：

（1）＊每次看到我，他总是把头一低了。

（2）＊说完，他把舌头一伸了，做了个鬼脸。

（3）＊她把辫子一甩着，跑了出去。

为什么以上三句都不能说呢？"把＋O＋一V"这一结构应该怎么用呢？它的使用条件和语义特征究竟是什么呢？总的说来，该结构的成立需要满足以下几个条件：

第一，"把+O+一V"结构中的谓语动词必须是光杆形式，动词后面既不能带时体助词"着、了、过"，也不能带任何补语成分。例（1）～（3）中动词后面都有其他补充成分，所以这三句都是错误的。该结构中的光杆动词可以是单音节词，也可以是双音节动词，但是以单音节形式居多。

第二，能够进入该结构的动词大多具有位移义。也就是说，"把"后宾语在某个动作的作用下，其位置发生了改变。如：

（4）每次进教室，小林总是把头一低，有些害羞的样子。

（5）他进屋后把鞋一脱，就躺在了沙发上。

（6）他回到宿舍，把箱子一放，就去上课了。

例（4）～（6）中，"把"后的宾语"头""鞋""箱子"在动词所表示动作的作用下，位置都发生了或多或少的移动。同类的动词还有很多，比如：摔、丢、扔、提、抓、撇、伸、披、仰……例如：

（7）听了我说的话以后，这个小女孩把头一撇，不再搭理我。

（8）听到敲门声，我赶紧把衣服一披，就跑过去开门。

有时候，发生位移的不是"把"的宾语，而是动作行为的主体。例如：

（9）他愤怒地把桌子一拍，大喊了一声。

（10）看到有陌生人进来，这孩子把脸一捂，钻进了里屋。

例（9）～（10）中，发生位移的不是"把"的宾语"桌子"和"脸"，而是动作行为的主体"他（的手）"和"孩子（的手）"。

还有些动词的位移义不是具体的位移，而是抽象的位移，因为这些动词表示的是状态的变化。从认知语言学的角度来说，从空间域引申到状态域，状态的变化也可以看作是一种"位移"。例如：

（11）老师把考试的规则一说，我立刻紧张了起来。

（12）爷爷把眼睛一闭，不再说话。

（13）警察把脸一沉，命令我马上靠边停车。

例（11）～（13）中，"考试规则"由"不知"到"知道"，"眼睛"由"睁着"到"闭着"，"脸"由原来的"不生气"到"生气"，都体现了状态的变化，可以看作是一种抽象的"位移"。

第三，凡是进入"把+O+一V"结构的动词，不论动作本身持续的时间是长还是短，都会受到该结构的影响，被赋予"短时"的语义特征，表示动作或状态的紧促发生。例如：

（14）看到我进来，他把身子一扭，背对着我。

（15）这孩子找不到妈妈，把嘴一撇，哭了起来。

（16）他把门一开，只见朋友坐在门口的台阶上。

例（14）～（16）中的动作"扭""撇""开"即使完成后，产生的状态也一直在持续，但是这三个动词进入"把+O+一V"结构之后，结构本身的赋义使它们具有了"短时"的语义特征。

第四，"把+O+一V"结构在大多数情况下是作为背景信息出现的，后续事件才是信息表达的重点。例如：

（17）*他进屋后把鞋一脱。

（18）*他回到宿舍，把箱子一放。

（19）*他愤怒地把桌子一拍。

（20）他进屋后把鞋一脱，就躺到了床上。

（21）他回到宿舍，把箱子一放，跑出去了。

（22）他愤怒地把桌子一拍，吓得大家都不敢说话了。

作为前提条件出现的"把+O+一V"结构一旦失去了后续的事件表达，整个句子的语义就不完整了，给人一种语义表达不自足的感觉，如例（17）～（19）；加上后续句后，整个句子就很自然了，如例（20）～（22）。但是，有时候"把+O+一V"结构也可以放在后句中，不仅能表达动作状态的急促，同时也具有语义上的自足性，但必须要有背景句的衬托。例如：

（23）他每次看到我，总是把头一低。

（24）他刚一进家门，就把钥匙顺手一扔。

（25）一阵寒风吹过来，冻得他把脖子一缩。

总之，不管"把+O+一V"结构放前还是放后，通常都是和其他句子搭配使用的，不能单独使用。

　　第五，"把+O+一 V"结构通常用在已然体中，表达的事件都是已经发生过的，几乎不用于未然体。上文举的所有例句除了例（4）和例（23）是惯常体（句中有惯常体标记"每次"）之外，其他全是已然体。

教学篇

第七部分　"把"字句的教学

60."把"字句中的典型句法形式是什么？

作为汉语语法中颇具特色的一种句式，"把"字句的表现形式比较多样，留学生在学习中会对"把"字句产生畏难心理，在实际使用汉语的过程中会有意无意地回避使用"把"字句，生成出来的句子也并不总能准确地表达"把"字句所传递的语义。

"把"字句在句法形式上和语义上都有很多类别。但是，语法分类其实并不是"一个萝卜一个坑"那样分明的。每一类别都有较为典型的成员，也有非典型的成员。典型的成员往往具有该类别所有的属性，而非典型的成员则仅具有部分属性。句型的原型和非原型在语义上是有差别的。"原型常常代表一个句型的典型形式和意义，非原型则在形式上、语义上都会有一些变化。"（吕文华，2002）

我们知道，汉语语法结构的使用条件是语法习得的一个难点。很多语法偏误的出现是由于把握不好语法结构的使用条件。以往的很多研究数据都证明了空间位移义是"把"字句的基本语义，"把"字句中表方向义之外的其他意义都是从空间位移义引申过来的。

高立群（2004）通过心理学实验证明了空间位移图式用于"把"字句句法语义的解释具有很高的合理性。张旺熹（2016）从1996年第1季度《人民日报》（577万字）中收集了2160个"把"字句并进行了统计，结果表明，明确表示物

体发生位移的"VP"结构就有一半,而它们又基本上以方位介词短语和趋向短
语为补语标记。张旺熹认为,典型的"把"字句凸显的是一个物体在外力作用下
发生空间位移的过程。

　　由方位介词短语和趋向动词充当补语,表示物体发生物理空间位移的"把"
字句(即"S+把+O+V+L"句式)是"把"字句系统中的典型句式。这种表
示物体发生空间位移的"把"字句表现的是一个物体在外力作用下从一个地方转
移到另一个地方的位移过程。"挂、带、送、扔"等都是典型的位移动词。例如:

　　(1)他把书放在桌子上了。

　　(2)他把钟挂在了办公室的墙上。

　　(3)孩子们把玩具扔到了地上。

　　(4)老师把麦克带到了教室。

　　(5)大家赶紧把他送到了医院。

　　表示典型位移义时一般只能使用"把"字句,不能自由变换为"主—动—
宾"句。这就使得学生在学习"把"字句时很难采取回避的策略,间接促成了学
生对于"把"字句的习得。如:

　　(6)他把书放在桌子上了。→*他放书在桌子上了。

　　(7)他把钟挂在了办公室的墙上。→*他挂钟在办公室的墙上了。

　　(8)孩子们把玩具扔到了地上。→*孩子们扔玩具到地上了。

　　例(6)～(8)中"把"的宾语都是无生命度名词,动词"放""挂""扔"
都具有[+他移](意思是使"把"的宾语发生了位移)的语义特征,表示"主
体使客体发生位移"时通常要用"把"字句。但是,并非所有具有典型位移语义
的句子都得用"把"字句来表达。例如:

　　(9)老师把麦克带到了教室。→老师带麦克到教室了。

　　(10)大家赶紧把他送到了医院。→大家赶紧送他到医院了。

　　例(9)和例(10)两句中"把"字前后的名词都是高生命度名词,句中的
动词"带""送"都具有[+伴随移](意思是主体和客体都发生了位移)的语义
特征,在这种情况下,不用"把"似乎也是可以的。不过有"把"和没"把",
表达出的语义是有细微差别的。很显然,"把"字句更突出了对客体的处置义。

所以，即便是教授典型位移义的"把"字句，在教学中也应该考虑其内部的不同情况，先教例（6）～（8）这一类的"把"字句，然后再教（9）（10）这一类的"把"字句。

表位移义的"把"字句中的空间位移，不仅指物理空间层面的位移，而且还包括时间空间、社会空间、心理空间等层面的位移。如：

（11）学生们把一箱箱新书搬进了教室。（物理空间）

（12）他把论文答辩的日期推迟到了明年春天。（时间空间）

（13）张老师退休后把所有的图书都捐献给了学校的图书馆。（社会空间）

（14）父母永远把孩子的事情放在第一位。（心理空间）

大量的教学实践表明，对外汉语的语法教学应该遵循由简入繁、由具体到抽象、由高频结构到低频结构这样一种循序渐进的教学原则。在由简入繁的过程中，复杂的语法点应该分阶段进行教学；由具体到抽象的过程中，表示具体义和抽象义的语法结构也应该分开教学。因为意义越抽象，结构的难度就会越高。"把"字句的教学同样要遵循这样的原则。如果学习者在学习过程中只是孤立地掌握"把"字句局部的句法语义特征，而缺乏对"把"字句整体意义的感知，这必将在一定程度上导致习得困难。若从"把"字句的典型句法形式入手，帮助学生建立"把"字句的语言认知结构，不仅能提高学生的学习效率，而且还有利于学生利用已有的"把"字句基本知识去认知、处理、内化其他"把"字句句式。

61. 教学中的"把"字句在语义上有哪几类？

自从黎锦熙在 20 世纪 20 年代提出"提宾"说，现代汉语"把"字句语义研究的序幕就此拉开。此后，王力先生在 40 年代提出了"处置"说。他认为："处置式是把人怎样安排、怎样支使、怎样对付，或把物怎样处理，或把事情怎样进行。"（王力，2011）自此，"处置"说一直是"把"字句语义最典型的提法，也一直是"把"字句语义研究与争论的核心问题。围绕着对"处置"说的质疑与批判，后来的学者又先后提出了"致使"说（薛凤生，1994）、"位移"说（张伯江，2000；张旺熹，2001）和"主观处置"说（沈家煊，2002）等。虽然人们对"处置"和"致使"的理解各有不同，但在众多观点中，"处置"说和"致使"说无疑是两大主流观点。

从汉语本体研究的角度来看，"处置"说和"致使"说能够解决"把"字句研究的很多问题，但是在实际教学中，用"处置"说或者"致使"说来统一解释"把"字句的语义并不可取，学生接受起来是比较有难度的。

"处置"说认为"S＋把＋O＋VP"表示的是"S"对"O"的处置作用。当然，这里的"处置"指的是广义上的"处置"，即凡是动作行为或活动作用于某一对象，使其产生某种结果，出现某种变化或者呈现某种状态，都可以看作具有"处置"义。一般"主—动—宾"句同样可以表达"处置"义（如：他洗了衣服），但"把"字句的"处置"义比一般"主—动—宾"句的"处置"义更明显一些。（试比较：他把衣服洗了/他洗了衣服）

"致使"说认为"S＋把＋O＋VP"表示的是"S"对"O"的致使作用。但"把"字句除了表示"致使"义以外，同时也表达了主体"S"对客体"O"的控制。仅谈"致使"义，同样不够全面。

因此，从更有利于教师教的角度以及汉语学习者学的角度来看，暂且可以先不考虑"把"字句语义下位的细致分工，我们可以先从"把"字句的整体功能入手。因为介词"把"的作用是凸显某个动作行为或事件对"把"的宾语所产生的影响，而这个动作行为或事件对"把"的宾语的影响有两种情况：一种是"有意识的影响"，或者叫"主观影响"；另外一种是"无意识的影响"，或者叫"客观影响"。（邵敬敏、赵春利，2005）据此，我们将"把"字句按照语义分为两大类：一类是"有意识"的"把"字句，一类是"无意识"的"把"字句。

第一，有意识的"把"字句。例如：

（1）姐姐把我们的衣服都洗干净了。

（2）刘老师把词典放在书架上了。

（3）老师把孩子们带到了操场上。

（4）她把我当成了她最大的敌人。

例（1）～（4）都是行为主体有意识地采取某个动作来对客体施加影响。人们通常所理解的"处置"义［如例（1）］、"位移"义［如例（2）和例（3）］和"主观认同"义［如例（4）］都可以归入有意识的"把"字句。

第二，无意识的"把"字句。例如：

（5）孩子把妈妈吵醒了。

（6）他把我搞糊涂了。

（7）弟弟不小心把牙碰掉了。

（8）他把我的肚子都笑疼了。

例（5）～（8）都是行为主体无意识发出的动作行为对客体产生的影响。人们通常所理解的"致使"义［如例（5）和例（6）］、"不如意"义［如例（7）］和"出人意料"义［如例（8）］都可以归入无意识"把"字句。

但是，这只是从整体功能上对"把"字句进行了一个大致的分工。如果要深入到"把"字句的内部进行具体例句的分析和解读，光靠有意识的"把"字句和无意识的"把"字句这两个分类是远远不够的。在"把"字句的教学中，可以考虑从宏观的角度将"把"字句分为有意识的"把"字句和无意识的"把"字句，使学生对"把"字句有一个整体的认知，然后再根据具体情况具体分析，从微观的角度引入"处置"说、"致使"说、"位移"说、"主观处置"说等。总之，不必拘泥于所谓的"统一"解释。语言中的"分类"不是为了"分类"而"分类"，语言"分类"的最终目的是解决问题。

62. 留学生为什么回避使用"把"字句？

"回避"①是第二语言学习者在语言运用过程中一种常见的心理行为和交际策略。学习者在语言运用中碰到他认为输出困难的词语或者语法结构时，通常会采

---

① 对于"回避"这一术语，学术界有不同的认定。刘颂浩（2003）认为："严格意义上的'回避'是一种有意识的行为""确认回避行为时，必须有足够的来自学习者本人或其言语表现的证据"。

用"回避"策略，也就是用学习者已知的内容来替代未知的内容，用简单的形式来替代复杂的形式，以此达成交际目的。当然，现在我们普遍认为，学习者在输出语言时，"回避"使用的前提应该是他知道自己在回避什么。"把"字句在汉语中的使用频率很高，无论是在结构上还是在语义语用上都比较特殊，学习者想要准确地使用"把"字句并非易事，因此回避使用的现象比较普遍。究其原因，主要有以下几个方面：

第一，"把"字句是汉语特有的一种语法现象，外语中基本没有相应的表达，大部分学习者刚开始学的时候较难正确理解和使用这一语法点，在汉语语法知识掌握得不够充分的情况下，会选择回避使用"把"字句。

通常，因为这一原因而回避使用"把"字句的情况主要出现在初中级阶段的学习者身上。由于"把"字句这一句式是汉语中独有的，在其他语言中不容易找到相对应的形式，留学生在遇到需要使用"把"字句表达的意思时，语言能力不足以自如地运用，就会回避使用"把"字句。通常这种影响在汉语学习初期会比较明显，并且一直伴随汉语学习的整个过程。教师只能通过恰当的教学方式、更多的语言输入来激发学习者对"把"字句的学习兴趣，让学习者尽快熟悉汉语的表达习惯，减弱母语的负迁移。

第二，由于教材语法点的编排、教师的讲解方法、练习的设计等方面存在种种问题，学习者在学完"把"字句以后还是不清楚什么时候必须用"把"字句，什么时候可以用"把"字句，什么时候不能用"把"字句。

通过考察目前使用范围较广、影响较大的几套对外汉语教材，我们发现，不同教材对"把"字句不同句式结构的教学顺序编排也不尽相同，有的甚至无视留学生语言学习由易到难的习得规律，相关句式结构的编排顺序显得较为随意。此外，教材对"把"字句的讲解更多的是泛泛地介绍各种规则，较少从句法、语义和语用相结合的角度充分揭示"把"字句的使用条件。

目前，无论是教师讲解"把"字句，还是教材中设计相关练习，大部分都会进行"被"字句、主动句与"把"字句的变换练习。这在教学、练习过程中似乎不失为一种有效的方法，但实际上会给留学生传递这样一个错误的信息："被"字句、主动句与"把"字句表达的语义都相同，只是形式不同而已。正是因为没有向留学生清楚地讲解"被"字句、主动句与"把"字句各自的使用规则和限制条件，留学生在实际运用时才会有意无意地回避"把"字句。

第三，"把"字句自身结构的复杂性、特殊性导致留学生在使用时频频出错，从而影响其使用的积极性。

"把"字句的确是复杂的，它的复杂性既体现句法语义上，又体现在语用上。汉语母语者即使可以凭借语感准确地使用"把"字句，但有时也不能确切地说出使用它的原因以及表达出来的语义。正是由于"把"字句自身结构的复杂性与特殊性，它一直是汉语作为第二语言教学中的重点和难点。教师花了大力气来教"把"字句，留学生也花了大力气来学，但实际使用时，学生仍会在状语的位置、否定副词的位置、"把"的宾语、谓语动词的选择、谓语动词后面的其他成分等问题上频频出错，这在很大程度上影响了他们使用"把"字句的积极性。

第四，"把"字句的教学偏静态，缺少语篇的支撑，导致留学生对"把"字句的整体句式义和"把"字句的语篇功能缺乏准确的认知，因此，留学生在是否使用"把"字句的问题上就显得犹豫不决。

在二语学习中，某个语法点的使用条件是语法习得的一个难点，很多语法偏误之所以产生就是由于把握不好语法点的使用条件。留学生在学习"把"字句的过程中，既想用，又不敢用。各类教材中对"把"字句的描述重形式而轻语义，几乎没有语境介绍和分析。很多留学生只是了解"把"字句局部的句法语义特征，但缺乏对"把"字句整体意义的感知，也不清楚"把"字句在上下文语境中的具体使用情况。更何况，"把"字句的形式和意义之间的选择和制约关系非常复杂，在实际使用中往往会表现出一种不稳定性。因此，即使到了汉语学习的中高级阶段，面对"把"字句这一常用句式，回避现象依然存在。

63. "把"字句教学的难点体现在哪里？

都说"把"字句难教、难学。我们认为，"把"字句难教主要体现在以下四个方面：

　　第一，当前的对外汉语教材在"把"字句语法项目的分析上尚未摆脱汉语母语教学的语法体系，在内容上缺少教学的针对性，没有做到以用法为核心。

　　关于这一点，不仅仅是"把"字句如此，其他重要的语法项目也是这样。当对外汉语语法项目的选取和分析始终摆脱不了汉语母语语法教学的桎梏时，自然，这样的语法项目也就不好用了，导致教材中语法项目所关注的问题和真正困扰学生的问题很难对应起来。如何将留学生习得"把"字句时出现的偏误与"把"字句教学更好地结合起来，是教材编写者需要进一步考虑的问题。张旺熹（2010）认为，对外汉语教学语法体系应该以用法为核心，而不是以理论知识框架体系为核心。可是实际上，对外汉语语法教学长期以来一直关注的是教什么、怎么教的问题，而学习者学什么、怎么学的问题至今没有引起足够的重视。语法教学关注"外在大纲"，却很少关注学习者语法习得的"内在大纲"。（王建勤，2016）因而，语法教学成为了脱离学习者的纯粹的结构与规则教学，没有真正与学习者的学习需求相关联。

　　第二，"把"字句的语境条件并非那么单纯和固定，究竟何时用"把"字句不容易一下子讲清楚。

　　对于"把"字句的教学，教师通常先教典型的、基础的、常见的用法，到中高级阶段再教非典型的、复杂的、特殊的用法。可实际上，"把"字句的教学体系并非想象中那么完美。越到中高级阶段，"把"字句的各种非典型用法就越复杂，它们在语境中的使用条件就越不固定。虽然很多研究者在对大样本的"把"字句进行考察之后，认为"把"字句或表达某事件导致的结果和实现的目的，或表达为了实现某个目的而采取的手段，在实际语用中，处于一个因果关系的意义范畴之中，即由于某种原因而需要执行某种特定的手段以达到一定的目的。（张旺熹，1991）但事实上，"把"字句的语用功能并非那么整齐划一。比如在口语中，"把"字句的功能并非始终处于一个明确的因果关系的意义范畴之中，我们也很难用因果关系来给学生解释"把"字句。例如：

　　（1）他把我领到他住的地方，我吓了一跳，这地方怎么这么破？

　　（2）这件事我就把它交给你来处理了，你看着办吧。

　　（3）我进门的时候他都没搭理我，只把头稍微抬了一下，然后又干自己的事了。

其实，"把"字句各个下位句式的功能是不一样的。我们对于"把"字句的每一个下位句式的语境规约并不是很清楚，对每一个结构的认知语义特点与规律并没有很清晰的了解。不同语境对句法结构的选择是不同的。作为教师，在教学中想要把每一个结构对应的语境条件讲清楚并非易事，这也就造成了学生在中高级阶段学习"把"字句的困难。

第三，如何选取"把"字句的语法项目以及如何对这些语法项目进行排序，还需要较长时间的探索和实践。

在以往的语法等级大纲中，"把"字句从甲级到丁级都有，覆盖的等级范围很广，这对学生的"把"字句习得来说是一个很大的挑战。近年来有不少学者在探讨"把"字句语法项目的选取和排序问题，这是很有必要的。我们需要把"把"字句语法项目的选取和排序与"把"字句的实际教学结合起来考虑。"把"字句语法项目的选取和排序如何体现针对性？如何充分考虑不同母语的影响？如何设计和归纳出不同母语背景的学生习得"把"字句时的规则？

从理论上说，对外汉语教学中所有的语法项目都应该从全局观念出发，把它们放在一个大的系统框架之下来考虑：哪些语法项目应放在初级？哪些应放在中级？哪些应放在高级？同一个语法项目要分成几个级别？每个级别如何安排？比如，到底应该先教哪一类"把"字句呢？是先教"我把地板擦干净了"这一类还是先教"我把书包放在床上"这一类呢？虽然陆庆和（2003）认为"把"字句的排序应该综合考虑"结构、频率、内容、语用、语体"等多种因素，遵循如下原则：结构上从简单到复杂；频率上，高频率使用的句型在前，低频率使用的在后；内容上，比较具体的在前，比较抽象的在后；语用上，在静态层面必须要用"把"字句的在前，受语境制约必须用的"把"字句在后；语体上，口语语体在前，书面语体在后。但在实际操作中，面对各种形式的"把"字句，究竟如何排序，并不是一件简单的事。

以《高等学校外国留学生汉语言专业教学大纲》为例。在初级阶段，该大纲把结构上要求用的"把"字句放在了最前面，其次是意义上要求用的"把"字句，最后是动词后没有其他成分的"把"字句；到了中高级阶段，主要是表示致使义的"把"字句、"把"的宾语是表处所或范围的"把"字句以及其他几类复杂的"把"字句。这样排序可能还是会有些问题。比如：将动词后没有其他成分的"把"字句放在了表致使义的"把"字句的前面，是否合适？每一个序列的内部成员之间似乎也并非同一层级。如：意义上要求用的"把"字句中，大纲把"大风把路边的两棵小树刮倒了"和"我们一定得把这个问题解决"这两个例句放在了一起，二者在习得难度上是有差别的，放在同一类下是否合适？动词后没有其他成分的"把"字句中，既有"暴风雨就要来了，快把羊往回赶吧"，又有"她回到宿舍，把箱子一放，就去上课了"，二者也不是同一层级难度上的，这样放也不合适。目前已有的各个大纲对"把"字句语法项目的选取和排序都是不同的，这必然给教学或教师带来很大的困扰。要解决这个问题，还需要很长一段时间的探索和实践。

第四，如何将"把"字句的语法形式和语法意义有效地对应起来，也是"把"字句教学的难点之一。

我们在前文曾把"把"字句从形式上分为了五大结构类型，每个大类下面又有不少小类。另外，各类教材和大纲中也都对"把"字句进行了详细分类。"把"字句具有如此丰富的下位句式，整个"把"字句体系下大大小小的下位句式分别表达了怎样的语法意义呢？比如，其中一个下位句式"S＋把＋O＋V 了"，既可以说"他把剩下的菜吃了"，也可以说"我把明天开会的事忘了"，这两个句子虽然形式相同，但表达的语法意义并不完全相同。又比如另一个下位句式"S＋把＋O＋V 着"，既可以说"他把两眼紧闭着"，又可以说"你把手机带着"。这两个句子同样存在形式相同而语义不同的问题。所以，形式和意义如果做不到统一的话，不管是教师教还是学生学，都会存在很大的问题。"把"字句教学的实效在哪里？如何在"把"字句教学中体现"从意义到形式"？能否真正从语法最本质的方面——形式和意义统一的角度去考虑语法教学中的问题，对第二语言语法教学来说至关重要。（孙德金，2007）

64. 如何安排"把"字句的教学顺序？

在讲"把"字句的教学顺序之前，我们先来看一下"把"字句在《汉语水平等级标准与语法等级大纲》和《国际汉语教学通用课程大纲》中的编排顺序：

《汉语水平等级标准与语法等级大纲》分为初、中、高三个等级，语法分为甲、乙、丙、丁四级，由语素、词类、词组、句子、句群构成五个层次。"把"字句在该大纲中被视为特殊句式，在甲、乙、丙、丁四级语法中均有呈现：甲级语法中的"把"字句有两种句式，分别是"主＋把＋宾＋动＋一／了＋动"（如"你把你的意见说一说"）和"主＋把＋宾＋动＋补语$_{(1)}$"（如"他把信寄走了"）；乙级语法也有两种句式，分别是"主＋把＋宾$_1$＋动（在／到／给）＋宾$_2$"（如"他把那件上衣放在床上了"）和"主＋把＋宾＋动＋了／着"（如"他把大衣丢了"）；丙级语法涵盖了五种"把"字句句式，分别是"主＋把＋宾$_1$＋动＋成／作＋宾$_2$"（如"他把试卷揉成一团"）、"主＋把＋宾＋动＋补语$_{(2)}$"（如"我把开会的时间延长了一天"）、"主＋把＋宾＋给＋动"（如"大风把柱子给刮倒了"）、兼语句与"把"字句套用（如"我叫他马上派车把她送回家"）、连动句与"把"字句套用（如"我坐车去哥哥家把礼物拿回来了"）；在丁级语法中，主要有以下几种句式："主＋把＋宾＋动＋得＋情态补语"（如"王教授的死把他夫人哭得吃不下饭，睡不好觉"）、"主＋把＋宾＋……化"（如"他们决定把工厂的各项规定制度化，以加强管理"）、"主＋把＋宾＋动＋得＋比……"（如"我们要把自己的家乡建设得比沿海发达地区还要好"）、"主＋把＋并列宾语"（如"他把一个破旧的小包、一条脏得要命的手绢，一齐塞进口袋里"）、"主＋把＋宾＋把＋宾＋把＋宾……"（如"他发起疯来，把书、把衣服、把家里贵重的东西都烧毁了"）。可见，《汉语水平等级标准与语法等级大纲》中"把"字句的基本句式主要出现在甲级和乙级语法中。

《国际汉语教学通用课程大纲》的语法分为六级，"把"字句的分布情况如下：一、二级语法未出现"把"字句；三级语法中的"把"字句主要有两种句式，分别是"主＋把＋宾＋动＋在／到／给……"（如"他把书放在桌子上了"）和"主＋把＋宾＋动＋干净／完／成……"（如"他把衣服洗干净了"）；四级语法中的"把"字句有三种句式，分别是"主＋把＋宾＋动＋了"（如"我把钱包丢了"）、"主＋把＋宾＋动词重叠式"（如"你把衣服洗洗"）和"主＋把＋宾＋动＋补语"（如"请大家把书拿出来"）；五级语法中的"把"字句分别是"主＋把＋宾＋动＋着"（如"你把书带着"）和"主＋把＋宾＋给＋动词短语"（如"我把这事给忘了"）；六级语法的"把"字句主要是表示致使义的"主＋把＋宾＋动词短语"（如"这件事把他气得一夜没睡"）。可见，《国际汉语教学通用课程大纲》中"把"字句的基本句式主要出现在三、四级，且与《汉语水平等级标准与语法等级大纲》甲、乙级有较高的重合率。

上述两本大纲在"把"字句的句式划分上有粗疏之别，各有优劣，但在基本句式的编排上却呈现得较为一致。大纲关于"把"字句的编排，对于对外汉语教学具有较强的指导意义，但实际教学时却不宜完全拘泥于大纲，应更注重灵活性和实践性。

关于"把"字句的教学顺序，主要涉及两方面：一是单句中的"把"字句和语段中的"把"字句的教学顺序问题，二是"把"字句的各类下位句式的教学顺序问题。

首先看第一个问题，即单句中的"把"字句和语段中的"把"字句的教学顺序。关于这个问题，毋庸置疑，肯定是分层级教学比较合适，也就是先教单句的"把"字句，再扩展到语段中的"把"字句。强制使用的"把"字句先教，日常生活中出现频率较高的先教，结构上较为简单的先教。为了让学生更好地把握"把"字句的语用环境，可以考虑结合语境进行教学。可以选择最高频、最常用且习得难度不大的单句作为初级阶段的教学内容。对于那些使用频率高的单句"把"字句，可以将情景表达和机械练习相结合。比如以课堂中的交际话语作为现实情景，先从祈使性"把"字句入手，等学生对"把"字句有了一定的认知后再穿插进行陈述性"把"字句的教学和练习。在练习中，教师尽量利用丰富的教学形式，如小组活动、角色扮演等，创造真实的会话环境。其次，将"把"字句放到语篇或话轮中，体会"把"字句在上下文语段中的衔接和关联，进行相应的语篇练习。这里的训练既可以是书面的，也可以是口语的。练习的目的只有一个，就是强化学生对真实情景下的话轮转换机制的理解，不断提高自然语境下的交际能力。

再来看第二个问题。安排"把"字句的各类下位句式的教学顺序时，我们通常遵循"从常用到非常用，从简单到复杂"的教学原则，但这条原则并非是绝对的，有时候具体问题得具体分析。过去，对于"把"字句的教学，常常有不少条件的设置。比如，通常认为，在尚未学习一般的补语类型之前是不适合讲授"把"字句的。事实上，语言结构的习得顺序并不能将难易程度作为唯一的考量因素，使用频率等因素也有非常大的影响。

在"问题3"里面，我们曾经根据谓语部分"VP"的构成特点，从形式上将"把"字句分成了五种结构类型。为了行文方便，我们将这五大类"把"字句列在下面。

第一类：S+把+O+V+宾语。

典型句式1：S+把+O+V+成……

典型句式2：S+把+O+V+作……

第二类：S+把+O+V+补语。

典型句式1：S+把+O+V+结果补语。

典型句式2：S+把+O+V+趋向补语。

典型句式3：S+把+O+V+动量补语。

典型句式4：S+把+O+V+程度补语。

典型句式5：S+把+O+V+情态补语。

典型句式6：S+把+O+V+介词短语补语（在／到／给）

第三类：S+把+O+状语+V。

典型句式1：S+把+O+一+V

典型句式2：S+把+O+处所状语+V

第四类：S+把+O+V+了／着／过。

典型句式1：S+把+O+V+了

典型句式2：S+把+O+V+着

典型句式 3：S＋把＋O＋V＋过

第五类：S＋把＋O＋V＋动词重叠。

典型句式 1：S＋把＋O＋VV。

典型句式 2：S＋把＋O＋V 了 V。

典型句式 3：S＋把＋O＋V 一 V。

典型的"把"字句凸显的是一个物体在外力作用下发生空间位移的过程，其相应的形式特征是"把"字句的动词后带趋向补语、结果补语、介词结构补语等，即第二类中的句式 1、句式 2 和句式 6。大量研究中的语料调查表明，在"把"字句的五大类子句式中，这三个句式也是留学生和母语者优先选择使用的句式。所以，无论是教材编写还是教学安排都应该把这三个句式放在最前面。其次是第一类中的典型句式"S＋把＋O＋V＋成/作……"，也是"把"字句里很重要的一类句式，使用频率也很高。而第三类和第四类是"把"字句中比较复杂的结构，不论是在句法上、语义上，还是语用上，限制条件都比较多，所以这两类的习得难度比较大，可以让它们出现在中高级阶段的课文里，随文释义，不必作为重要语法点单独呈现。

总的来说，"把"字句各个下位句式的教学可以按照下面三个等级来安排顺序：

第一级：

第一类：S＋把＋O＋V＋宾语。

典型句式 1：S＋把＋O＋V 成……（玛丽把"未"字写成了"末"字。）

典型句式 2：S＋把＋O＋V 作……（我把这次活动当作一次很好的锻炼。）

第二类：S＋把＋O＋V＋补语。

典型句式 1：S＋把＋O＋V＋结果补语（小张把房间打扫得干干净净。）

典型句式 2：S＋把＋O＋V＋趋向补语（请把你的护照拿出来。）

典型句式 6：S＋把＋O＋V＋介词短语补语（在/到/给）（下课后赶紧把作业放到讲台上吧。）

第二级：

第二类：S＋把＋O＋V＋补语。

典型句式 3：S＋把＋O＋V＋动量补语（他把这本书看了两遍了。）

典型句式 4：S＋把＋O＋V＋程度补语（今天的工作把我累得够呛。）

典型句式 5：S＋把＋O＋V＋情态补语（孩子们把房间搞得乱七八糟的。）

第四类：S＋把＋O＋V＋了／着／过。

典型句式 1：S＋把＋O＋V＋了（他把手机丢了。）

第五类：S＋把＋O＋V＋动词重叠。

典型句式 1：S＋把＋O＋VV。（你赶紧把房间收拾收拾。）

典型句式 2：S＋把＋O＋V 了 V。（我把桌子擦了擦。）

典型句式 3：S＋把＋O＋V 一 V。（考前一定要把单词背一背。）

第三级：

第三类：S＋把＋O＋状语＋V。

典型句式 1：S＋把＋O＋一 V（他把眼睛一闭，不再理我了。）

典型句式 2：S＋把＋O＋处所状语＋V（你别把脏水往地上泼！）

第四类：S＋把＋O＋V＋了／着／过。

典型句式 2：S＋把＋O＋V＋着（你走时把钱包带着。）

典型句式 3：S＋把＋O＋V＋过（我把上海城隍庙的每一个小吃店都逛过。）

当然，教学可以灵活多变。有时候，教师不必拘泥于某些既定的规则或顺序。比如：当教师在课堂上用到"S＋把＋O＋V（了）一下"（"麦克，你把写错的字改一下／麦克，你把这个问题再回答一下"）时，完全可以根据当时的具体语境进行教学或练习。又如：当教师在叙述某件事情时也可以偶尔穿插一些比较难的结构，如："S＋把＋O＋一 V"（"我昨天在图书馆碰到安娜，我主动跟她打招呼，她竟然把眼睛一斜，理都不理我"）。教师可以用肢体语言配合故事的讲述，学生理解起来就不会有太大的问题。

65. 初级阶段教学中的"把"字句如何切入？

"把"字句究竟应该怎样教？这是一个一直在讨论且一直没有定论的问题。

"把"字句在教材中的项目选取和编排顺序也是众说纷纭。面对这一多形式、多语义的语法结构，在教学中应该将切入点作为重要的考量因素。教学切入点的正确选择有利于降低学生习得该结构的难度，也能够提高学生学习"把"字句的兴趣。

北京语言大学出版社出版的《汉语口语教程》一年级教材一共 20 篇课文，但以"把"字句作为课文题目的一篇也没有，只是在第 9 课《谢谢你的帮助》中有两处出现了"把"字句：一处是正文（"张勇把改好的剧本交给大伟"），一处是练习题中的语料（"小宝，你跑到哪儿去了？把我都急死了"），但这两处的"把"字句似乎只是"闲笔"，与"把"字句的教学没有什么关系。

一年级综合课教材《汉语教程》中的"把"字句集中出现在第 2 册（下）的第 17 课和第 18 课。第 17 课中的第一篇小课文《我们把教室布置成了会场》一共只有 14 句话，"把"字句出现了 14 次；第二篇小课文《把对联贴在大门两边》一共 13 句话，"把"字句出现了 7 次。两篇课文涉及到了"把"字句的多个类型。

我们以第 18 课《请把护照和机票给我》为例，这篇只有 31 句的简短课文中，有 18 处出现了"把"字句。主要包括以下子句式：

（1）把+O+V+了：我先去办理登机手续，把行李托运了。/ 咖啡都凉了，快把它喝了吧。（此处的"了"表未然）

（2）把+O+给+某人：请把护照和机票给我。

（3）把+O+V+趋向补语：把它放上去吧。/ 请把口袋里的东西都掏出来。/ 把小桌下边的画报抽出来。/ 先把照相机拿出来。

（4）把+O+V+趋向补语+处所宾语：把手提包放到行李箱去吧。

（5）把+O+状语+V+趋向补语：关建平把相机从手提包里拿出来。

（6）把+O+状语+一V：把这个插头往里一插就行了。

（7）把+O+V+结果补语：我先把电池装上。/ 把手机关上。/ 你把灯打开。/ 请大家把安全带系好。/ 关建平不小心把杯子碰倒了。/ 你把杯子碰倒了。

（8）把+O+V+一下：把卡子扳一下就打开了。

（9）把+O+VV：快拿纸把桌子擦擦。

如此高密度的"把"字句集中出现在一篇课文中显然是不合适的，更何况这里面涉及了"把"字句不同的子句式。这种"狂轰乱炸"式的语法点排列导致难点集中，没有留给学生足够的理解和运用的余地，肯定会让学生吃不消的。这样安排不仅起不到应有的教学效果，反而会让学生对"把"字句学习产生畏难情绪。

事实上，在初级阶段的课堂教学中，教师不必急于将"把"字句这一特殊句式"正儿八经"地一股脑儿"兜售"出来，可以选取课堂教学语言中使用频率最高的"把"字句作为教学的"启蒙"和切入点。在课堂上，教师经常使用的高频"把"字句有：

（1）把门 / 窗户 / 电脑 / 书打开。

（2）把黑板擦干净。

（3）把错别字改过来。

（4）把书翻到第三页。

（5）把粉笔递给我。

（6）把作业交上来。

（7）把书拿出来。

（8）把手机放在书包里。

（9）把灯关了。

这些高频"把"字句通常都是具有祈使功能的指令性语言。对于初级汉语水平的学生来说，教师能用汉语发出简单明确的指令是非常重要的。学生一旦领会了教师的言语意图，马上就会有行动上的反馈。同时，教师可以引导学生用"把"字句向其他同学发出相关指令，甚至可以硬性要求学生在每次课上都必须向老师或其他同学自然输出3～4个指令。一个学期结束以后，学生对这些高频的"把"字句就基本上烂熟于心了，对它们的输出也就成了一种语言习惯。

我们在进行语法点的讲授时应该遵循语法结构自身的规律。哪些东西先讲，哪些东西后讲，要有一个科学的安排。通常来说，先讲基本式，再讲衍生式。

赵金铭（2018）提出了语法教学的"碎片化"。所谓"碎片化语法"，是指"不计语法点的数量，不考虑学习者学习的难易度，当然也就不必排出教学顺序。它只是依据语法格局的框架，服从于交际的需要，最重要的是依据频率原则，尽可能地展现自然语言中经常出现的常用语言事实"（赵金铭，2018）。所以，在初级阶段，可以采用"碎片化"的教学方法，将情景交际与相关语法点相结合，从最常用的日常交际入手，引导学生一步步地向"把"字句的纵深发展。这种循序渐进的教学方法远比突然的"狂轰乱炸"要好得多。

另外，教师在教授受事主语句时，可以考虑适当引入"把"字句的教学。例如：

（10）作业做完了。

（11）衣服洗干净了。

（12）电脑关掉了。

前文我们曾经提到过，汉语中有一类无标记被动句，这类句子的主语是由名词或名词性短语来充当的，同时它也是句中动作的承受者，是受事成分。句中的谓语常常是由及物动词充当的，谓语动词不能是光杆动词。这类无标记被动句表示的是事物被施加影响后造成的一种结果状态。至于这种结果是谁造成的并不重要。我们也可以把它们称为受事主语句，如例（10）～（12）。

在讲授这类受事主语句时，可以告诉学生：受事主语句表达的是某物被处置或者被改变状态，如果我们不满足于这些已知的信息，还想知道到底是谁造成了该物被处置或者被改变状态的结果，那么就在这些受事主语句句首引入动作的发出者，同时在这些受事名词前面加上介词"把"，构成"把"字句。例如：

作业做完了。——我作业做完了。——我把作业做完了。

衣服洗干净了。——妈妈衣服洗干净了。——妈妈把衣服洗干净了。

电脑关掉了。——老师电脑关掉了。——老师把电脑关掉了。

通过讲解受事主语句，把"把"字句的教学穿插进来，也不失为一种有效的方法。总之，教无定法，只要符合教与学的实际情况，初级阶段的"把"字句教学方法完全可以根据实际情况予以安排和调整。曾妙芬对美国汉语初级学习者"把"字句的写作习得做过一项长达四年的实证进阶研究。教师"在教学目标的设定、教学流程策略、评量方式等各方面做出渐进式的改变与调整，使学生的'把'字句习得成果在四年期间由单句提升至三个段落的有效写作输出。参与此教学进阶实验计划者为美国弗吉尼亚大学第二个学期春季 124 位非华裔的初级班学生，他们在接受 100 个小时的授课时数后，进行'把'字句的写作输出。在语料分析方面，研究者针对成段写作语料进行'把'字句使用率与正确率的分析，实验表明，'把'字句的最高使用率与正确率皆出现在第四年"（曾妙芬，2018）。这一研究成果对于我们初级阶段的"把"字句教学具有重要启发意义，即初级阶段的"把"字句教学不应面面俱到，少而精即可，否则会出现"贪多嚼不烂"的结果。

66. 如何从祈使功能的角度教授"把"字句？

上文我们刚刚说到，"把"字句的教学可以从课堂上教师高频使用的课堂语言入手，这些高频的课堂语言有不少都是具有指令性的"把"字句，也就是具有祈使功能的"把"字句。相对于具有叙述功能的"把"字句来说，具有祈使功能的"把"字句更容易作为课堂语言来输出，我们可以将它们与课堂交际以及祈使性"把"字句特定的交际功能相关联。

课堂交际是师生之间以现时课堂为交际语境进行的语言沟通和交流。越来越多的研究表明，课堂内学习者的成功输出，在很大程度上与教师在课堂中所使用的语言有关。

李宁、王小珊（2001）在调查"把"字句的语用功能类别时指出，发出指令是"把"字句的一个重要语用功能。人们比较习惯用"把"字句来让某人做某件事情，这主要是由于"把"字句本身具有较强的处置意义，并且在语用上可以体现出比较明确的指令性，所以"把"字句被大量地使用在祈使句中。

祈使性"把"字句主要有以下几个类型：

第一类：（S）+把+O+V+在/到+L。例如：

（1）把书翻到第二页。

（2）把手机放到书包里。

（3）把作业本放在讲台上。

（4）把伞放在教室门口。

第二类：（S）+把+O+V+形容词。例如：

（5）把桌子摆整齐。

（6）把黑板擦干净。

（7）把字写清楚。

（8）把笔记记完整。

第三类：（S）+把+O+V+趋向动词。例如：

（9）把作业交上来。

（10）把课本拿出来。

（11）把手机放进去。

第四类：（S）+把+O+（V）+给+某人。例如：

（12）把手机递给我。

（13）把作业带给玛丽。

（14）把卷子给我。

第五类：（S）+把+O+V+一下。例如：

（15）把电脑开一下。

（16）把作业交一下。

（17）把窗户关一下。

第六类：（S）+把+O+V（一）V。例如：

（18）把桌子擦（一）擦。

（19）把书挪（一）挪。

（20）把手抬（一）抬。

第七类：（S）+把+O+V+了。例如：

（21）把帽子摘了。

（22）把灯关了。

（23）把门锁了。

（24）把黑板擦了。

第八类：（S）+把+O+V_1P_1+V_2P_2。例如：

（25）把书拿出来放在桌上。

（26）把窗户打开透透气。

（27）叫麦克马上把作业带过来给我。

第九类：（S）+把+O+V$_1$+给+某人+V$_2$V$_2$。例如：

（28）把你买的新手机拿给我看看。

（29）把你的铅笔借给我用用。

（30）把你新学的那首歌唱给我听听。

本着语法项目的教学应该遵循"从常用到非常用、从简单到复杂"的原则，可以先从前三类教起。在汉语中，趋向补语和结果补语占比最大，所以第一类、第二类和第三类"把"字句是祈使性"把"字句中最常用的句式，也是教学中高频使用的句式。其次是第四类、第五类和第六类"把"字句，也是比较常用的。再其次是第七类，最难习得的是第八类和第九类。第七、八、九这三类都可以适当地往后放一放。这是因为第七类"（S）+把+O+V+了"虽然结构形式简单，也比较常用，但语义比较复杂，对于动词有一定的语义限制，学生如果不清楚这些语义限制，就会出现偏误。第八类句式套用相对来说结构形式最复杂［例（25）和例（26）是"把"字句和连动句的套用，例（27）是兼语句和"把"字句的套用］。第九类因为有动词重叠式的用法，掌握起来也不容易。对于这三类语义和结构都比较复杂的"把"字句，不应集中放在初级阶段。教师在课堂上可以通过大量的课堂指令和机械练习，先帮助学生建立起"把"字句的基本语感，等学生的汉语水平达到了一定阶段，再对句式中的重要构件做进一步的语义分析，学生理解起来就会相对容易一些。

具体到实际操作中，面对初级阶段的学生，教师不必非要等到教材中出现了"把"字句之后再进行教学，而是可以从第一堂课开始就一点一点地将"把"字句渗透进来。比如：进教室后，可以要求前排学生"把门关上"，因为"外面太吵了"或者"风太大了"；做讲课准备时，可以要求学生"把书拿出来""把书打开""把书翻到第一页"；下课时可以要求学生"把作业交上来"，"把黑板擦干净"；离开教室时，可以要求学生"把灯关了""把门锁上"；等等。对于零起点的学生来说，一开始会有理解上的困难，这时候教师可以先用英语说一遍，再用汉语说一遍，对于这些带有指令性的"把"字句，可以要求学生跟着说几遍，并且提醒学生，这些句子作为教学语言，肯定会在以后的课堂教学中反复使用，希望学生能够明白其含义，以此来强化学生对它们的印象。这种通过具体的行为指令去引导学生理解句子的方法，能够让学生对"把"字句有更直接的体会，也能够让学生掌握得更好。这些结构简单的祈使性"把"字句完全可以作为"把"字句教学的起点。等到了教学后期，随着教学内容的加深和学生汉语水平的提高，基于实用的原则，我们可以将"把门锁了""把课本拿出来放在桌上""把手机借给我看看""把铅笔借给我用用""把你学会的那首歌唱给我听听"等更为复杂的祈使性"把"字句教给学生。

67. 如何进行"把"字句成段表达训练？

除了句法上的特殊性，"把"字句的表达功能也受到了越来越多的重视。"把"字句的使用，首先要考虑的是句法和语义上的特征。因为单独看"把"字句时，它有各种句法和语义上的限制条件。如果从篇章的角度来看"把"字句，仅考虑句法和语义上的限制条件似乎是不够的，还必须考虑它在篇章中的动态使用情况，单一的、静态的使用条件不足以刻画"把"字句的整体面貌。陶红印、张伯江（2000）在讨论"把"字宾语为施事的"把"字句时就明确指出"把"字句句型本身是不独立的，应该放到整个篇章环境中去考察其因果关系。

"把"字句在教学上始终是一个难点，原因之一就是学生在学习时只是孤立地、静态地去获取"把"字句的一个个句法、语义特征，对于该句式在语篇或者成段表达中的使用情况缺乏整体把握。"把"字句在语篇中究竟是怎样使用的呢？下面我们将举例说明。

（1）昨天妈妈从瑞士出差回来，给我带了两盒瑞士巧克力。我把巧克力放到了冰箱里。

（2）*昨天妈妈从瑞士出差回来，我把巧克力放到了冰箱里。

在例（2）中，"我把巧克力放到了冰箱里"，单看这一句，句法和语义都没有问题，但例（2）却不能成立，因为"巧克力"出现得太突兀了，让人觉得莫名其妙。"把"字句在语篇中的使用并非是随意的，光有句法和语义上的要求还不够。如果像例（1）那样在前面加上一句"给我带了两盒瑞士巧克力"，就使得这一语段的前面和后面很自然地衔接了起来。这说明篇章因素对"把"字句的影响不亚于句法和语义制约对它的影响。又如：

（3）我昨天不是给你布置了一篇作文吗？你先把作文写完才能出去玩。

由于"把"字句的宾语具有表述对象的性质，具有话题性，当前文中所提到的某个成分［如例（3）中的"一篇作文"］在后文中继续出现时，后续句就会有使用"把"字句的倾向。"把"字句的使用可以使前后文串联起来，实现语义上的层级递进。

之所以"把"的宾语绝大多数都是定指成分，是因为在语篇中，很多"把"字句中"把"的宾语跟前面句子中的某些成分是同指关系。两个成分如果同指，出于前后照应关系，心理上必然要求这两个同指成分在物理距离上尽可能地靠近一些。因此，从篇章衔接上看，出于前后照应的需要，后续句有明显使用"把"字句的倾向。（金立鑫，1997）例如：

（4）我们三步并作两步跑下楼。我那辆花四千元买来的旧车停在街角便道上。我们坐进车里，把汽车迅速地开上马路。

"把"字句中的宾语"汽车"单看是无定的，但放在语篇中会发现，这里的"汽车"指的是上文所说的"花四千元买来的旧车"。

（5）我敲开一个已经关闭的售票窗口，向睡眼惺忪的售票员询问。售票员并不回答我，只是问我是不是要买那趟车的票，得到肯定回答后，便收了钱扔出一张票随即把窗口砰地关上。

这里"把"字句的宾语"窗口"指的是上文所说的那个"已经关闭的售票窗口"。

（6）那女人下车后脸转向马路，我认出她是张华，我们的一个老同学，我早把她忘了，但显然她没忘了我们。

这里"把"字句中的宾语"她"指代的是上文所说的"张华"。

例（4）～（6）中用"把"字句，既有篇章衔接的要求，又照顾到了话题链的延续。当然，也可以不用"把"字句。例如：

（7）我们三步并作两步跑下楼。我那辆花四千元买来的旧车停在街角便道上。我们坐进车里，汽车迅速地开上马路。

（8）我敲开一个已经关闭的售票窗口，向睡眼惺忪的售票员询问。售票员并不回答我，只是问我是不是要买那趟车的票，得到肯定回答后，便收了钱扔出一张票随即窗口砰地关上了。

（9）那女人下车后脸转向马路，我认出她是张华，我们的一个老同学，我早忘了她了，但显然她没忘了我们。

我们把三个"把"字句都换成了一般的"主—动—宾"句式，从篇章衔接和话题链的角度看，用"主—动—宾"句式也未尝不可。那么"主—动—宾"句式与"把"字句在语篇中的区别是什么？我们以其中的一组为例简单说明。

（10）我们坐进车里，汽车迅速地开上马路。

（11）我们坐进车里，把汽车迅速地开上马路。

从对比中可以看出，"主—动—宾"句式强调的是整个事件，而"把"字句更强调"把"的宾语"汽车"，其语义重心也是"汽车"，表达的是对"汽车"的处置，即"迅速地开上马路"。而且，与"主—动—宾"句式相比，"把"字句更突出强调了上下文句子之间的因果关系和语义联系，起到了承上启下的作用。我们以"把"的宾语为施事（广义上的）的"把"字句为例来说明。例如：

（12）a：你故意不打电话通知他你要出院？

　　　 b：嗯！我想给他一个惊喜。我受伤的这些日子，他每天都公司、医院两头跑，一定把他累坏了，所以我想为他做点什么。

这里的"把他累坏了"就是施事"把"字句。"施事'把'字句自身是对当前人物心理情绪的描写，但是'把'字句的使用蕴含了前面事件或人物对后面人物心理情绪的促发作用。"（陶红印、张伯江，2000）而且，从篇章功能上来看，这种"把"字句可以起到一种转换描写的功能，即从对前一个人物或事件的描写转入对下一个人物的心理描写，并体现出两者之间的前因后果关系。（张旺熹，1991）

总的来说，"把"字句在语篇中的分布主要有以下几种情况。

首先，"把"字句作为起始句时的语篇分布情况：

（一）"把"字句主语与后续句可以建立信息关联。例如：

（13）他啥也没说，只哼了一声，把他的空背包放在厨房的柜子上，又走到洗碗间，挂好外套然后回来跌坐进他的椅子里。

（二）"把"字句宾语与后续句可以建立信息关联。例如：

（14）他临走时，把<u>自己用不上的一些东西</u>都送给了孩子们，<u>比如几张音乐碟片、十几本书，还有一副象棋和几副扑克等</u>。

（三）"把"字句谓语部分与后续句可以建立信息关联。例如：

（15）那年，他把通过<u>考试选拔人才的机会让给了女朋友</u>，<u>对方</u>在顺利通过考试一个月后来信提出了分手。

其次，"把"字句作为后续句时的语篇分布情况：

（一）对前文句子的主语进行说明。例如：

（16）<u>我住院以后</u>，<u>他一直忙前忙后</u>，把<u>他</u>忙得都病了。

（二）对前文句子的宾语进行说明。例如：

（17）小张早晨上班时收到了<u>一封信</u>，她看也没看就把<u>信</u>扔在了桌子上。

（三）对前文句子的谓语或整个句子进行说明。例如：

（18）a：你忘了我吧，忘了我吧，我不适合你。

　　　b：<u>我也想忘记你</u>。可是，想要把<u>你</u>忘记实在很难。

以上是"把"字句在语篇层面上的分布特征。而连贯是语篇语段中语义的关联，所以语段教学很重要。这里的语段教学可以理解为语句与语句之间衔接的教学。成段表达能力在语言交际中的作用是毋庸置疑的，但是在实际的对外汉语教学中，语段能力的训练并未得到足够的重视，学生在进行成段表达时，句子之间常常缺少衔接，句际关系混乱，不能准确地表情达意。如何进行语句与语句之间的衔接，就成了语段教学的重点。

在初级阶段，可以多引导学生输出口语表达中的简单"把"字句，比如简单的祈使句、简单的陈述句等；而到了中级阶段，教师需要从语段教学的角度来考虑如何进行"把"字句的教学，即让学生知道如何在上下文语境中使用"把"字句。可以从两个简单句的合并开始。比如训练学生用"把"字句将两个单句串联起来。例如：

（19）a.小林放学回家了。

　　　b.小林做好了作业。

　　　c.小林放学回家就把作业做好了。

练习了将两个单句组合成一个单句之后，再训练学生将几个单句组合成一个包含"把"字句的复句。例如：

（20）a. 小王昨天收到一个快递。

　　　b. 小王打开快递。

　　　c. 小王想看看里面是什么。

　　　d. 小王昨天收到一个快递，他把快递打开，想看看里面是什么。

可以让学生从时间或动作的连续性上将例（20）中的三个单句组合成一个包含"把"字句的复句。教师可以引导学生思考"把"字句应该用在哪儿比较好，同时从篇章衔接的角度考虑代词的使用、主语的省略等。

也可以通过对比的方法。例如：

（21）a. 昨天逛街时，我买了一盆茉莉花，回去后就把它种在了院子里。

　　　b.* 昨天逛街时，我买了一些东西，回去后就把茉莉花种在了院子里。

这样对比，能让学生明白"把"字句的使用跟上下文语境一定要有信息关联。学生明白了这个限制条件以后，教师可以让学生以例（21）的 a 句为参照进行造句。例如：

（22）我的好朋友送给我一幅画，我把它挂在了墙上。

（23）老师昨天留了很多作业，我把这些作业都做完了。

以上只是简单地举例。当然，"把"字句的语段教学并非易事，也无法在短时间内达到令人满意的教学效果。但作为教师，在教授"把"字句时，对"把"字句的教学要有全局观，不能只引导学生输出简单"把"字句，也要进行"把"字句的成段训练；既要教授静态的"把"字句，又要教授动态的"把"字句。在"把"字句的教学中，教师的教学思想比教学方法更加重要。

68. 构式语块教学法如何在"把"字句教学中实施？

什么是"构式语块教学法"呢？要知道这种教学法，首先需要了解构式语块分析法。构式语块分析法来自认知语言学的构式语法理论和语块理论。构式语法[①]认为语言的句法层面存在的是各种各样的构式。每个构式本身都能够表示独立的语法意义。语块理论认为语块是构式的构成单位，是一种具有心理现实性的语言组块现象，是认知心理层面的"组块"在语言句法层面的体现，是人类信息处理能力的实际运用单位。根据构式语块理论，构式内部语义配置的每一部分语义，都以一个语块的形式来负载。构式由语块构成，语块序列构成语块链。构式义是认知域中意象图式在语言中的投射，它通过线性链接的语块链来表达。（陆俭明，2011）所谓"构式语块教学法"指的是在第二语言教学中，以构式语法理论与语块理论为指导并将两者结合起来进行语法教学的策略和方法。（苏丹洁，2010；苏丹洁、陆俭明，2010）

　　之所以将"构式语块教学法"在"把"字句教学中实施，是因为如果用传统的句法上的"主-谓-宾"等或者语义上的"施-动-受"等来分析"把"字句是很有限的。例如：

	小明	把书包		扔	在了床上。
句法分析	主语	状语		动词	补语
语义分析	施事	受事（由"把"引出）		动作结果/方向	

　　我们可以看到，无论是句法分析还是语义分析，对"小明把书包扔在了床上"这一"把"字句的整体句式义的提取并无多少帮助。学习者即使理解了对该"把"字句的句法分析和语义分析，也还是仅仅明白这一个"把"字句的意思，他们很难举一反三地习得这一类"把"字句的用法。从教学实践效果来看，目前以动词结构为主要考察标准的分类分析，由于基本不涉及"把"字句的语义表达这个根本性问题，因此不能解决"把"字句难教、难学的问题。（田臻，2012）

　　根据构式语法理论思想，汉语口语语法结构都可被视为构式，都是形式-意

---

① 我们现在对于"构式语法"的界定普遍采用的是Goldberg（1995：4）提出的关于"构式语法"的主要观点：假如说，C是一个独立的构式，当且仅当C是一个形式（Fi）和意义（Si）的对应体，而无论形式或意义的某些特征，都不能完全从C这个构式的组成成分或另外的先前已有的构式推知。也就是说，句式有其自身独立于组成成分的整体意义，这个整体意义是无法从组成成分或另外的先前已有句式推导出来的，是"整体大于部分之和"。就汉语研究而言，我们需要重视对一个个具体句式的研究，这些具体的句式都可以看做是一个个的"构式"。

义 / 功能的结构体。由于"把"字句下位句式的复杂性以及动词构成成分的多样性,"把"字句下面的各种不同类型的结构其实都是形式与意义的结合体,都可以分别看成是一个个不同的构式。所以,我们可以从构式的角度对"把"字句的各种不同类型的结构进行有效的分类,并从语义配置方式和语块链上来区分不同的"把"字句构式。在教授"把"字句时,尤其是口语中的"把"字句时,让"把"字句以整体构式的形式出现,突出其整体性,将其整体形式与语义、功能相匹配,这样也许会更便于学习者理解和掌握。

这里我们以"把"字句的典型句法形式"S + 把 + O + V 在 / 到 / 回 / 进 / 给……"为例。前文我们已经提到过,典型的"把"字句凸显的是一个物体在外力作用下发生空间位移的过程。表位移义的"把"字句对空间位移的表达,不仅指物理空间层面的位移,还包括时间空间、社会空间、心理空间等等层面的位移。所以该类构式的语义配置有:①使物体移动的行动实施者;②被移动的物体也就是移动对象;③物体被移动的方式;④物体被移动后运动的方向或终点。所以,该类构式也就相应地有四个语义单元,也就是四个语块。这四个语块的线性序列串在一起构成一个语块链。例如:

	小峰	把书包		扔	在了床上。
语义配置	实施者	移动对象(由"把"引入)		移动方式	移动后的方向或终点
语块链	实施者	移动对象		移动方式	移动后的方向或终点

所以,"小峰把书包扔在了床上"一句中,可以分出四个语块:实施者(小峰)、移动对象(把书包)、移动方式(扔)、移动后的方向或终点(在了床上)。这四个语块共同构成了"小明把书包扔在了床上"这一构式的构式义,即实施者采用某种移动方式,使移动对象进行移动,并且具有移动方向或移动终点的变化。当然,这里的"移动"不限于具体移动,也可以指抽象移动。例如:

(1)学生们把一箱箱新书搬进了教室。

(2)他把论文答辩的日期推迟到了明年春天。

(3)张教授把所有的图书都捐献给了学校的图书馆。

(4)父母永远把孩子的事情放在第一位。

教师在给学生讲授这一类构式时,有三点是需要特别让学生来理解的:

首先，该类构式的构式义是动作的实施者通过某种移动方式，将移动对象移动到某个方向或某个终点；

其次，该类构式由实施者、移动对象、移动方式和移动后的方向或终点这四个语块构成，它们与该类构式的关系是部分与整体之间的关系，它们共同促成了整个构式的构式义；

最后，该类构式所表达的这种位移义旨在说明或描写一个包含了动作实施者和移动对象的位移事件，而且该位移事件是以动作实施者为话题的，最终是为了凸显位移的方向或终点。

在教学时，将以上三点贯彻其中，再辅以具体句子的操练以及一些具体的、体验性的教学行为，就能使构式语块教学与"把"字句教学紧密地结合在了一起，并且借助语块理论来分析构式内部结构，更有助于理解该类"把"字句的整体意义。

以上所谈的只是"把"字句中的其中一类构式。"把"字句的下位句式很多，所以它的子构式当然不只这一类，其他几类构式也都可以采用构式语块教学。我们再举一类构式。例如：

（5）妈妈把衣服洗干净了。

（6）爸爸把打电话的事给忘了。

（7）姐姐把房间打扫得干干净净。

以上三例可以看成是同一类构式。该类构式表达的构式义是实施者通过有意或无意的方式，使某一事物或某一事件的性质或状态发生变化。该类构式的语义配置和语块链如下：

　　　　妈妈　　　　把衣服　　　　　　　　　　　　洗　　干净了。

语义配置　实施者　发生变化的事物（由"把"引出）变化方式　变化的结果（性质或状态）

语块链　　实施者　发生变化的事物　　　　　　　变化方式　变化结果

在具体讲授"把"字句时，教师可以考虑将"把"字句拆分成几类不同的构式，然后分别采用构式语块的理论来进行教学。跟传统的句法和语义教学相比，采用构式语块教学法对"把"字句的各类构式进行分类讲解，学生可能更容易理解"把"字句的整体句式义，从这一点上来说，构式语块教学法也许是一个相对有效的教学方法。当然，有一点必须要注意，那就是教师在讲解时一定要避免使用生硬的专业术语，而应使用更加口语化的表述，以方便学生更好地理解。

69. "把"字句教学需秉持的总体思路是什么？

长期以来，对外汉语教学一直存在重结构轻语义、忽视用法的问题。近年来，虽然已经有越来越多的研究者关注语言的用法，但由于教材编写相对滞后，很多语法点的解释与最新研究成果脱节，教学很难跳出从前重句法的桎梏，对外汉语教师在讲解语法点时受到教材的影响，缺少更开放的思维，也很难有教学上的创新。

对于任何一个语法现象，掌握结构、语序比较容易，而掌握这个语法形式究竟表达什么意义，甚至更深一层，掌握这个语法形式的交际价值和使用功能则比较困难，而后者才是汉语语法教学要达到的最终目的。"把"字句教学亦是如此，不仅要教句法和语义，还要教如何使用"把"字句。也就是说，要考虑如何从功能主义的角度来教授"把"字句。当前，已经有越来越多的汉语学者关注到这个问题。结合前贤们的研究和实践，对于"把"字句的教学，我们认为可以秉持以下几条教学思路。

（一）建立"把"字句教学的语境观

近年来越来越受关注的互动语言学理论一直在强调动态语言观，强调言语的互动过程，强调真实会话场景的呈现。在"把"字句教学中，如果能给学生提供使用"把"字句的真实语境，将有助于学生感知"把"字句的使用环境和使用条件，从而更熟练地使用"把"字句。教学过程中老师对学生输出一些指令性话语时的场景，便是"把"字句的真实使用环境。

刘颂浩、汪燕（2003）以13名中国研究生、17名外国学生（高级班8名、研究生9名）为对象，调查了他们在16个典型语境中的表现。结果发现，中国学生在这些语境中使用"把"的频率仅为30%，说明教材中为"把"设计的不少语境并非自然语境。调查还发现，与一般认为的相反，留学生在什么时候该用"把"字句这一点上与中国学生没有显著差别（只在一个题目上有显著差别）；两者的差别更多地体现在使用"把"字句的质量上。结合调查结果，文章提出，在设计"把"字句练习时，在具体语境的处理上，要明确直接，要符合语篇规律的要求，同时尽量避免可能出现的过分使用现象。这一研究进一步证明，语境的设计理应是"把"字句教学的核心问题。

（二）正确处理"把"字句中理论语法和教学语法的关系 [①]

通俗地说，理论语法是教学语法的基础，教学语法是理论语法的应用及验证。"开展语法研究成果的教学转化研究，首先应确定需要转化的研究成果，先找到汉语二语教学中的语法知识空缺点，再去查找相关的研究成果，开展转化研究。"（刘玉屏、袁萍，2021）

对于"把"字句来说，本体方面的研究非常多，各家各派各有各的说法，互相既有统一之处，又有矛盾之处。教师在教学时完全没必要将这些理论的不同观点全部告诉学生。例如，"把"字句在语义上有"处置"说、"致使"说、"主观处置"说、"位移"说，在分析具体的"把"字句语义时，如果将这些观点一股脑儿都告诉学生，只会让学生更加糊涂，进一步回避使用"把"字句。既然目前汉语学界对"把"字句的语法意义尚不能给出一个完全一致的观点，那么在教学中不如切实地根据"把"字句所呈现的不同语义进行分类说明，不必非要将它们统一在一个"大帽子"下面。

又如，"把"字句教学必然涉及一些概念，切忌全盘搬到教学中来。相关的讲解不宜太理论化、专业化，应将对"把"字句的理解转化为教学语言。尽量避免使用"施事""受事""工具""处置""致使"等专业概念。

对于"把"字句的语法意义，可以通俗地界定为：动词所表示的动作或行为

---

① 关于理论语法和教学语法的联系，前贤们有过不少精辟的分析。如许国璋（1986）认为："语言学语法（引者按：也就是现在所说的'理论语法'）把语言作为一种规则的体系来研究，教学语法把语言作为一种运用的工具来学习。前者的目的是了解通则，即明理；后者的目的是学会技能，即致用。"邓守信（2010）则认为："理论语法的研究着重语法现象的分析与描述，无须关注语言的学习与教学层面；教学语法则须考虑语言学习心理层面的因素，加入心理学、教育学及第二语言习得之研究启示，从而建立专属于教学语法独立的理论架构，进而提供语法项目、语法规则及教学排序。"

使"把"后的宾语获得某种结果，或使动作达到某种状态。但"把"字句的下位句式很多，很复杂，这个整体句式义不能完全套用在各个下位句式的语义解释上，应该在它们的细致分类中敏锐捕捉到它们各自不同的语义。

（三）在教学中适当吸收近二十年来"把"字句研究的最新成果

当前的汉语教材一直沿袭着"把"字句最早的研究成果，这些研究成果大部分是 20 世纪八九十年代产生的，而对于 2000 年以后"把"字句研究的新成果，很多教材并未很好地吸纳进来。也许对于教材的编写者来说，吸纳"把"字句研究的新成果可能会有一些顾虑，毕竟教材的编写还是要求稳的。比如，近二十年来学界对"把"字句的研究越来越重视使用条件等交际层面上的问题，但目前的教材对"把"字句的语用功能、语境特点、使用条件等都鲜有论述，而这些恰恰是"把"字句教学中非常重要的内容。不管是对教材来说，还是对教师来说，要想让"把"字句教学达到更好的效果，就必须结合"把"字句的语言环境和语言背景，而且有必要适当地吸收"把"字句研究的新成果并将它们转化为更易于学生接受的语法知识，讲解尽量简明，语言尽量通俗。比如，张旺熹（2001）把"空间位移"视为"把"字句的核心语义，并认为位移图式可以解释一般语料中 90% 的"把"字句。这一研究成果有助于学习者理解"把"字句的句式语义，目前已被吸收进汉语教材中。

又如，教材中论述"把"字句时通常认为"把"的宾语应该是有定的，但本体研究却表明无定"把"字句不在少数。杉村博文（2002）认为"把"字句的语用功能不在于把宾语作为一个新信息引进话语里来使它从无到有，而在于说明主语要对宾语做什么或做了什么，同时一般还要明里暗里地说明宾语可能发生什么变化或已经发生了什么变化。所以，"把"的宾语必须具有"高可及性"[①]这一语义特征。"高可及性"的特征既可以"事先说明"[②]，也可以"事后补充"。对于这些内容，教师都应该及时进行补充说明。

[①] "可及性"（accessibility）是一个从心理学中借用来的心理语言学概念，通常指一个人在说话时从大脑记忆系统中提取识解语言信息的便捷程度，因而又称便取度。详见许余龙（2000）。

[②] 这里的"事先说明"是指通过一些显性的有定形式来体现"把"后宾语的"高可及性"。如"他把那本书搞丢了"或者"他把昨天刚买的那本书搞丢了"等等。

"把"字句宾语"事先说明"的情况是最多的，不再赘述。我们在这里举一个"事后补充"的例子。

　　a：他昨天把一本书搞丢了。

　　b：哪本书？

　　a：就是上周刚从网上买的那本书。

这段对话中的后两句就是对第一句中"把"的宾语"一本书"的"事后补充"，"一本书"是作为无定信息出现的，却成为了后续话语谈论的焦点，变为了有定信息。

（四）引导学生区分"把"字句和非"把"字句，体会"把"字句真正的"使用价值"

教学中，即便教师对"把"字句的概念、意义等进行了详细的讲解，如果缺少"把"字句和非"把"字句之间的对比和分析，学生还是不会明白为什么一定要用"把"字句。事实上，"把"字句的真正价值一定要在与非"把"字句的对比中才能体现出来。

比如在教学初级阶段，当教师向学生发出指令（"请把作业放在讲台上"）时，可以寻找适当时机告诉学生，这类使"作业"等事物产生"位移"的句子通常只能使用"把"字句。例如"请把香蕉皮扔到垃圾桶里""请把桌子抬到教室里"等，表达的都是使"香蕉皮"和"桌子"发生位移或者产生某种结果。尤其是在表示祈使语气的句类中，当句首用了一个标识请求类言语行为的标记"请"字时，使用"把"字句才能更好地完成这一表达，既发出了指令，又不失礼貌。否则的话，句子就有些别扭。例如：

（1）*请香蕉皮扔到垃圾桶里。

　　　*请桌子抬到教室里。

（2）香蕉皮（请）扔到垃圾桶里。

　　　桌子（请）抬到教室里。

（3）请把香蕉皮扔到垃圾桶里。

　　　请把桌子抬到教室里。

例（1）中的两个句子缺少了"把"，是不成立的。例（2）中的两个句子都变成了受事主语句。对于初级阶段的学生来说，超出了他们的习得水平，反而增加了学习的负担。而且，例（2）这种表达更适合对举格式，如"椅子放在这里，桌子请抬到教室里"。只有例（3）是最自然的，说话人发出言语请求，希望对方能够实施具体行为。

（五）顺应网络时代、后疫情时代的需求，线上教学和线下教学相结合

在新媒体技术迅速发展的网络信息时代，汉语教学的生态环境已经发生了根本性的变化，对外汉语的教学已不必也不能完全拘泥于线下教学这一传统形式，传统的教学理念和教学模式需要进一步创新。而这恰恰可能成为我们创新"把"字句教学的一个重要契机。

教师在课堂上讲授完"把"字句的某一个知识点后，可以进一步引导学生充分利用网络资源、微课、慕课等新型教学形式，利用 VR、AR 等技术，以实景或实境的方式，将所讲授的知识点转化为具体情境中的语言应用，在情境教学中，学生能更准确、更快速地理解和掌握"把"字句的使用条件或使用语境。比如：可以通过介绍一道中国菜的做法将众多的"把"字句一一表达出来。这里不必考虑语体的问题，可将所有的"将"字句都用"把"字句来表示。每个"把"字句的使用都辅以生动的图片说明。如："把菜洗干净""把辣椒切好""把油放进锅里"等等。这样线上线下相结合，课内课外相补充，既能提高学生学习"把"字句的兴趣，又能增强学生对"把"字句学习的关注度，何乐而不为呢？

李宇明、李秉震、宋晖等（2020）将后疫情时代的汉语教学新态势概括为：教学资源"云端化"、翻转课堂"常态化"、教学过程"可重复化"、小班教学走向"迷你化"、教师数字素养需要"迭代化"、学习资源需要"竖屏化"。在这样的背景下，"把"字句教学能否"危"中寻"机"，能否找到更为有效的教学方法，需要我们每一位对外汉语教师去积极探索，积累更多的经验，促使"把"字句的教学效果进一步提升。

参考文献

北京大学中文系 1955、1957 级语言班（1982）《现代汉语虚词例释》，北京：商务印书馆。

贝罗贝（1989）早期"把"字句的几个问题，《语文研究》第 1 期。

陈昌来（2003）《现代汉语语义平面问题研究》，上海：学林出版社。

陈振宇（2021）强化语力对间接言语行为的触发功能——以疑问和祈使为例，《东方语言学》第 1 期。

崔希亮（1995）"把"字句的若干句法语义问题，《世界汉语教学》第 3 期。

戴浩一、黄河（1988）时间顺序和汉语的语序，《国外语言学》第 1 期。

戴浩一、薛凤生（1994）《功能主义与汉语语法》，北京：北京语言学院出版社。

邓守信（2010）《对外汉语教学语法》，北京：北京语言大学出版社。

杜文霞（2005）"把"字句在不同语体中的分布、结构、语用差异考察，《南京师大学报（社会科学版）》第 1 期。

方梅（2005）篇章语法与汉语篇章语法研究，《中国社会科学》第 6 期。

高立群（2004）汉语"把"字句认知表征图式的实验研究，《心理科学》第 1 期。

古川裕（2006）关于"要"类词的认知解释——论"要"由动词到连词的语法化途径，《世界汉语教学》第 1 期。

国家对外汉语教学领导小组办公室（2002a）《高等学校外国留学生汉语言专业教学大纲》，北京：北京语言文化大学出版社。

国家对外汉语教学领导小组办公室（2002b）《高等学校外国留学生汉语教学大纲：长期进修》，北京：北京语言文化大学出版社。

国家对外汉语教学领导小组办公室、汉语水平考试部（1996）《汉语水平等级标准与语法等级大纲》，北京：高等教育出版社。

洪波（2013）无定"把"字句的生成机制，载《历史语言学研究》（第 6 辑），北京：商务印书馆。

胡明扬、劲松（1989）流水句初探，《语言教学与研究》第 4 期。

胡裕树（2019）《现代汉语》（重订本），上海：上海教育出版社。

黄伯荣、廖序东（2007）《现代汉语》（增订 4 版），北京：高等教育出版社。

教育部中外语言交流合作中心（2021）《国际中文教育中文水平等级标准（国家标准·应用解读本）》，北京：北京语言大学出版社。

金立鑫（1993）"把 OV 在 L"的语义、句法、语用分析，《中国语文》第 5 期。

金立鑫（1997）"把"字句的句法、语义、语境特征，《中国语文》第 6 期。

金立鑫（2007）《语言研究方法导论》，上海：上海外语教育出版社。

金立鑫、杜家俊（2014）"就"与"才"主观量对比研究，《语言科学》第 2 期。

孔子学院总部 / 国家汉办（2014）《国际汉语教学通用课程大纲》(修订版)，北京：北京语言
　　大学出版社。

孔子学院总部 / 国家汉办（2015）《HSK 考试大纲》，北京：人民教育出版社。

黎锦熙（1992）《新著国语文法》，北京：商务印书馆。

李宁、王小珊（2001）"把"字句的语用功能调查，《汉语学习》第 1 期。

李双剑、陈振宇（2014）允准否定词在"把 / 被"之后的动因——记一种特殊的否定式"把"
　　字句和"被"字句，《语言研究集刊》第 1 期。

李炜（2004）加强处置 / 被动语势的助词"给"，《语言教学与研究》第 1 期。

李湘（2007）从限制动作范围到凸现言者主语，《修辞学习》第 1 期。

李宇明（2019）语言学的问题意识、话语转向及学科问题，《广州大学学报 (社会科学版)》第
　　5 期。

李宇明、李秉震、宋晖等（2020）"新冠疫情下的汉语国际教育：挑战与对策"大家谈（上），
　　《语言教学与研究》第 4 期。

刘颂浩（2003）论"把"字句运用中的回避现象及"把"字句的难点，《语言教学与研究》第
　　2 期。

刘颂浩、汪燕（2003）"把"字句练习设计中的语境问题，《汉语学习》第 4 期。

刘一之（2000）"把"字句的语用、语法限制及语义解释，载中国语文杂志社编《语法研究和
　　探索（十）》，北京：商务印书馆。

刘玉屏、袁萍（2021）语法研究成果在汉语二语教学中的转化——以"把"字句为例，《语言
　　教学与研究》第 5 期。

陆丙甫（1993）《核心推导语法》，上海：上海教育出版社。

陆丙甫（1998）从语义、语用看语法形式的实质，《中国语文》第 5 期。

陆丙甫（2011）重度—标志对应律——兼论功能动因的语用性落实和语法性落实，《中国语
　　文》第 4 期。

陆俭明（2004）"句式语法"理论与汉语研究，《中国语文》第 5 期。

陆俭明（2011）再论构式语块分析法，《语言研究》第 2 期。

陆庆和（2003）关于"把"字句教学系统性的几点思考，《暨南大学华文学院学报》第 1 期。

陆庆和（2006）《实用对外汉语教学语法》，北京：北京大学出版社。

吕叔湘主编（1999）《现代汉语八百词》(增订本)，北京：商务印书馆。

吕文华（1994）"把"字句的语义类型，《汉语学习》第 4 期。

吕文华（2002）对外汉语教材语法项目排序的原则及策略，《世界汉语教学》第 4 期。

吕文华（2016）汉语教材中语法教学失误举隅，《国际汉语教学研究》第 1 期。

齐沪扬（1995）有关介词"给"的支配成分省略的问题，《上海师范大学学报》第 4 期。

齐沪扬（1996）空间位移中主观参照"来 / 去"的语用含义，《世界汉语教学》第 4 期。

齐沪扬（1998a）位移句中 VP 的方向价研究，载《现代汉语配价语法研究》（第 2 辑），北京：
　　北京大学出版社。

齐沪扬（1998b）《现代汉语空间问题研究》，上海：学林出版社。

齐沪扬（2007）《现代汉语》，北京：商务印书馆。

齐沪扬（2010a）带处所宾语的"把"字句中处所宾语省略与移位的制约因素的认知解释，
　　《暨南大学华文学院学报》第 1 期。

齐沪扬（2010b）作为第二语言的汉语语法研究面临的问题，《对外汉语研究》第 6 期。

齐沪扬（2014）《现代汉语现实空间的认知研究》，北京：商务印书馆。

齐沪扬、唐依力（2001）与"把 + O + V + L"句式中动词配价相关的几个问题，《现代中国语
　　研究》第 3 期。

齐沪扬、唐依力（2004）带处所宾语的"把"字句中 V 后格标的脱落，《世界汉语教学》第
　　3 期。

任鹰（2007）动词语义特征对共现名词指称方式的制约和影响，《世界汉语教学》第 3 期。

邵洪亮、何晓璐（2021）陈述性"把"字句和祈使性"把"字句的分野——从"把"后 NP 的
　　有定性谈起，《新疆大学学报（哲学·人文社会科学版）》第 1 期。

邵敬敏、任芝锳、李家树等（2009）《汉语语法专题研究》（增订本），北京：北京大学出版社。

邵敬敏、赵春利（2005）"致使把字句"和"省隐被字句"及其语用解释，《汉语学习》第 4 期。

沈家煊（1995）"有界"与"无界"，《中国语文》第 5 期。

沈家煊（1999）《不对称和标记论》，南昌：江西教育出版社。

沈家煊（2002）如何处置"处置式"？——论把字句的主观性，《中国语文》第 5 期。

沈家煊（2004）再谈"有界"与"无界"，载《语言学论丛》（第 13 辑），北京：商务印书馆。

石毓智（2010）《汉语语法》，北京：商务印书馆。

苏丹洁（2010）试析"构式—语块"教学法——以存现句教学实验为例，《汉语学习》第 2 期。

苏丹洁、陆俭明（2010）"构式—语块"句法分析法和教学法，《世界汉语教学》第 4 期。

孙德金（2007）对外汉语语法教学中的形式与意义，《语言教学与研究》第 5 期。

孙瑞珍（1995）《中高级对外汉语教学等级大纲：词汇·语法》，北京：北京大学出版社。

索绪尔（1980）《普通语言学教程》，北京：商务印书馆。

陶红印（1999）试论语体分类的语法学意义，《当代语言学》第 3 期。

陶红印、张伯江（2000）无定式把字句在近、现代汉语中的地位问题及其理论意义，《中国语
　　文》第 5 期。

田靓（2012）汉语作为外语 / 第二语言教学的"把"字句研究，北京大学博士学位论文。

王还（1995）《对外汉语教学语法大纲》，北京：北京语言学院出版社。

王建勤（2016）对外汉语语法教学的认知视角，载《汉语应用语言学研究》（第 5 辑），北京：
　　商务印书馆。

王力（1980）《汉语史稿》，北京：中华书局。

王力（2011）《中国现代语法》，北京：商务印书馆。

王彦杰（2001）"把……给 V"句式中助词"给"的使用条件和表达功能，《语言教学与研究》第 2 期。

吴葆棠（1980）为什么不能说"把书买了"？《汉语学习》第 1 期。

吴为善（2006）《汉语韵律句法探索》，上海：学林出版社。

解惠全（1987）谈实词的虚化，载《语言研究论丛》（第 4 辑），天津：南开大学出版社。

徐丹（1992）汉语里的"在"与"着（著）"，《中国语文》第 6 期。

许国璋（1986）论语法，《外语教学与研究》第 1 期。

许余龙（2000）英汉指称词语表达的可及性，《外语教学与研究》第 5 期。

薛凤生（1987）试论"把"字句的语义特性，《语言教学与研究》第 1 期。

薛凤生（1994）"把"字句和"被"字句的结构意义——真的表示"处置"和"被动"？载《功能主义与汉语语法》，北京：北京语言学院出版社。

俞志强（2011）论把字句宾语属性明确性与句子语境的匹配，《世界汉语教学》第 1 期。

曾妙芬（2018）初级中文"把"字句教学策略四年改进研究，《国际汉语教学研究》第 1 期。

曾祥喜（2020）"把＋N＋VV（双音节）"构式及构式压制，《吉林大学社会科学学报》第 5 期。

张宝林（2010）回避与泛化——基于"HSK 动态作文语料库"的"把"字句习得考察，《世界汉语教学》第 2 期。

张斌（1998）《汉语语法学》，上海：上海教育出版社。

张斌（2008）《新编现代汉语》（第 2 版），上海：复旦大学出版社。

张伯江（2000）论"把"字句的句式语义，《语言研究》第 1 期。

张伯江（2001）被字句和把字句的对称与不对称，《中国语文》第 6 期。

张伯江（2019）《说把字句》，上海：学林出版社。

张国宪（1997）"$V_双$＋$N_双$"短语的理解因素，《中国语文》第 3 期。

张旺熹（1991）"把字结构"的语义及其语用分析，《语言教学与研究》第 3 期。

张旺熹（2001）"把"字句的位移图式，《语言教学与研究》第 3 期。

张旺熹（2010）对外汉语教学语法研究概说——课题与路向，载《对外汉语研究》（第 6 期），北京：商务印书馆。

张旺熹（2016）《汉语句法的认知结构研究》（修订版），上海：学林出版社。

张谊生（1997）"把＋N＋Vv"祈使句的成句因素，《汉语学习》第 1 期。

赵金铭（1995）现代汉语补语位置上的"在"和"到"及其弱化形式"·de"，载《中国语言学报》（第 7 期），北京：语文出版社。

赵金铭（2018）汉语作为第二语言教学语法：格局＋碎片化，《语言教学与研究》第 2 期。

郑远汉（1987）句式与语体，《语文研究》第 2 期。

朱德熙（1981）"在黑板上写字"及相关句式，《语言教学与研究》第 1 期。

朱德熙（1982）《语法讲义》，北京：商务印书馆。

祝敏彻（1957）论初期处置式，载《语言学论丛》（第 1 辑），上海：上海教育出版社。

Comrie, B. (1989) *Language Universals and Linguistic Typology*. Chicago: The University of Chicago Press.

Goldberg, A. E.,1995）*Constructions: A Construction Grammar Approach to Argument Structure*. Chicago: The University of Chicago Press.

Lakoff, G. & Johnson, M. (1980) *Metaphors We Live By*. Chicago: The University of Chicago Press.

后　记

这本《"把"字句》终于脱稿了。有一点点兴奋，有一点点不安。

2017 年年底，我的导师齐沪扬教授主持的"对外汉语教学语法大纲研制和教学参考语法书系（多卷本）"这一国家社科基金重大项目顺利获批并开始启动，我有幸成为课题组成员并承担了其中的两项任务：一项是《对外汉语教学语法口语大纲》（以下简称《口语大纲》）的研制，还有一项就是《"把"字句》的撰写。

记得齐老师在和课题组成员见面的时候，用陶渊明的诗勉励大家："盛年不重来，一日难再晨。及时当勉励，岁月不待人。"他说他也用这首诗勉励他自己。当时的齐老师已经 67 岁了。我们都说，看到齐老师的"老当益壮，宁移白首之心"，我们还有什么理由懈怠呢？接到任务后，经过前期较长时间的准备，大概是在 2019 年暑假，我正式开始了《口语大纲》和《"把"字句》的写作。从 2019年底到现在，已经整整三年了。这三年里，我的写作状态时好时坏。

《口语大纲》的研制有辛酸，有愉悦，个中甘苦自不待言，这里且说《"把"字句》。

当初，我之所以从众多选题中毫不犹豫地将《"把"字句》"认领"下来，其实是源于我的"把"字句情结。说起来，我和"把"字句的缘分不浅，甚至可以毫不夸张地说，是"把"字句开启了我的学术之路。我在攻读硕士学位时，曾和齐老师一起合作写过两篇有关"把"字句的论文：2001 年在《现代中国语研究》上发表了《与"把+O+V+L"句式中动词配价相关的几个问题》，这是我人生中的第一篇学术论文；2004 年在《世界汉语教学》上发表了《带处所宾语的"把"字句中 V 后格标的脱落》（这篇论文后被人大复印资料《语言文字学》全文转载并获上海市第八届哲学社会科学优秀成果论文类三等奖）。再后来，我的博士学位论文《汉语处所范畴句法表达的构式研究》也有不小的篇幅留给了"把"字句。想来，这似乎是很久远的事情了，但"把"字句已经误打误撞地闯进了我的学术生活，再也避不开了。

"少年把酒逢春色，今日逢春头已白。"从 1998 年读研开始，转瞬之间，二十几年的光阴已经在不经意间悄悄流逝，留下来的除了生活的各种忙碌、各种奔波、各种留恋之外，还有关于"把"字句的一些思考、看法和"执念"。如今又有机会在齐老师的带领下重新研究"把"字句，怎能不让人欣喜呢？

但这个研究对象似乎并不容易被"征服"。研究表明，汉语的"把"字句早在唐朝就已初步形成。20 世纪 20 年代，现代汉语层面的"把"字句开始受到学者们的关注。作为现代汉语语法研究的经典论题和对外汉语教学的经典难题，"把"字句可以说是上千年如一日地"傲立群句"，"冷眼旁观"学界大咖们对它的"探索"与"开发"。甚至有一些学者给"把"字句贴上了"最难"的标签，"把"字句的"复杂"可见一斑。网络上还出现了"一把把把把住了"这种可以"逼疯"外国人的"汉语十级神句"，但这依然无法阻挡大家探寻"把"字句的热情。

经过三年的艰辛"探寻"，这本书终于呈现在大家面前了。此时此刻，我是有一点儿小兴奋的，因为它毕竟凝聚了我这三年里对"把"字句的点滴思考；但我也有些许的不安，因为关于"把"字句的研究，在很多方面并未达成共识，书中关于"把"字句一些问题的回答能否真正"有效地为教学服务、为学习服务"，还不得而知。

最后需要特别说明的是，本书的顺利完成离不开齐老师的支持。从最初的构思到问题的选定，再到大纲的确立，齐老师都付出了很多心血。没有齐老师的鼓励和督促，我也就没有机会与"把"字句再续前缘。

感谢课题组的老师们。北京语言大学的张旺熹老师、上海师范大学的胡建锋老师、上海外国语大学的邵洪亮老师、上海师范大学的李劲荣老师、黄山学院的李铁范老师对整套书系的构思和写作提出了不少宝贵的意见；新加坡南洋理工大学的罗庆铭老师、云南师范大学的费惠彬老师、广西民族大学的李宗宏老师在无数次的线上线下讨论中无私地贡献了他们的智慧，书中的一些观点正是在我们几个相互刺激、相互启发下逐渐形成的。

　　北京语言大学出版社的三位审稿老师在百忙之中认真审阅了全书，提出了不少建设性的意见，使本书得以进一步完善。在此一并表示深深的谢意。

　　这本小书是在各位前辈和同行研究成果的基础上写成的，写作过程中虽然我尝试站在前人的肩膀上做了一定的探索，但它在一定程度上可能只是关于"把"字句的一个总结。希望这本小书能成为我学术生涯的新起点，赋予我踏上学术研究新征程的勇气和力量。

　　我已尽最大努力在书中呈现了一些自己关于"把"字句的心得和见解。尽管限于学识和能力，书中还有不少尚待完善的地方，甚至还会有一些需要商榷的地方，但仍希望可以聊备一说，以期作为引玉之砖吧。

唐依力

2022 年 10 月 31 日